전태일에서 노회찬까지

전태일에서 노회찬까지

청년들에게 들려주는 한국 진보정치사

글 · 그림 이창우

산지니

책을 펴내며

1980년 전태일이라는 이름을 처음 들었어요. '분신'이라는 충격적 방식으로 생을 마감했다는 이야기를 들은 나는 몇 날을 앓았습니다. 온몸이 아팠어요. 분신이라니! 살아 있는 육신에 휘발유를 끼얹고 자신을 태워 죽인다는 이 몸서리치는 죽음의 형식이 내 머릿속에서 무시무시한 이미지로 끊임없이 재생되더군요. 몸을 불살라야 했던 그 절박함이 무엇이었는지도 모른 채 살아간다는 게 죄스러웠습니다. 그리고 아는 것을 몸소 '실천'한다는 문제가 나를 옥죄었어요. 그게 시작이었습니다.

그 이후 40년을 전태일 속에서 살았군요.

심장에 화인처럼 뚜렷이 남은 이름 전태일 옆에 이제는 노회찬이라는 이름이 있습니다. 나의 오랜 진보정당 동지였던 노회찬은 죽어서 내 가슴에 남았습니다. 도망가고 싶어도 도망가지 못하게 하는 만드는 이름들이죠.

산지니 출판사 강수걸 대표님 제안으로 이 책을 준비했습니다.

전태일이 살아 있다면 아마 진보정당으로 나아간 우리 운동의 궤적과 함께했을 것이라고 생각해보았습니다. 저의 40년이 전태일이 가리키는 방향과 무관하지 않았듯이 말입니다.

2020년 3월 1일

차례

2부 민주노동당 시대

3부 분당과 통합, 그리고 분당

4부 정의당이 바꾸고 싶었던 세상

우상의 몰락과 이성의 개안

1980년 봄 대학가에서는 리영희 선생의 『전환시대의 논리』가 베스트셀러였어. 기자 출신으로 오직 '진실'만을 추구하던 이성의 논리에 1980년에 갓 스물이 된 이들 중 꽤 많은 젊은이들이 매료되었지. 나도 그 많은 스무 살 중의 하나였다네. 우상의 허위로 쌓아올려진 성채를 허물고 진실을 직면하게 된 자가 겪는 실존적 고민을 우리는 리영희 선생이 소개한 플라톤의 '동굴의 우화'를 통해 꽤나 치열하게 토론했었던 것 같네.

동굴에 오직 한쪽 벽만 보도록 묶여 있는 죄수들이 있지. 그리고 죄수들의 뒤쪽에 횃불이 타오르고 있고 죄수들은 건너편 벽을 통해 자신의 그림자만 볼 수 있어. 만약 누군가가 그림자극을 시행한다면 벽면에 비친 그림자밖에 볼 수 없는 죄수들은 그림자를 실체라고 믿게 되겠지. 그렇게 오랫동안 익숙해진 죄수가 풀려나 고개를 자유롭게 돌릴 수 있게 되고 실체가 따로 있으며 자신이 실체라 믿었던 것이 그림자임이 밝혀지는 순간 그 명백한 진실에도 불구하고 그것을 받아들이기 힘들어하지.

그건 당시 내가 그랬다네. 박정희가 쿠데타로 집권한 1961년에 태어나 고등학교 졸업반까지 박정희체제에서 살았던 나는 박정희가 만든 '국민교육헌장'을 외우며 "우리는 민족중흥의 역사적 사명을 띠고 이 땅에 태어"난 줄 알았고, 고등학생들이 군복차림으로 교련훈련하며 '멸공'을 외치는 것이 당연하고 서양의 자유주의적 민주주의가 아니라 유신체제가 가장 합리적인 '한국적 민주주의'라고 오직 한쪽 벽에 비친 박정희의 우상만 보고 살아왔던 거야.

그러나 『전환시대의 논리』는 그 거대한 허위를 발가벗겨 내가 받아왔던 유신교육이 얼마나 허무맹랑한 거짓인지 알게 해주었다네. 게다가 우리는 동굴에서 벗어나 햇살 눈부신 대지에 우뚝 서는 그 두려운 '자유'의 경험을 하게 되지. 그 자유는 어둠에 익숙한 눈으로는 감당하기 힘든 강렬한 햇살 같은 거였어. 권위적인 지배자가 연출하는 허상을 집단적으로 관람하며 느끼던 그 안온함은 사라지고 자유인으로서 온전히 자신의 이성을 믿고 그것에 책임을 져야 한다는 경험은 가슴 벅차면서도 두려운 것이었다네. 나는 솔직히 덜덜 떨면서 진실의 길로 접어들었지만 그것은 거대한 허위의 우상과 피 흘리며 싸워야 하는 길이었어.

전두환은 10.26 이후 '하나회'라는 군대 내의 정치군인들을 동원해 12.12 쿠데타를 일으켜 민정이양을 준비하고 있던 정승화 계엄사령관을 체포하고 권력을 장악해 들어갔지. 전두환 신군부가 권력을 찬탈하기 위한 'K-공작계획'이 착착 진행되는 와중에도 대학가는 박정희 독재정권에 의해 조직된 '학도호국단' 체제를 뒤엎고 총학생회를 부활시키는 학원 민주화의 열풍에 휩싸여 있었지. 그리고 민주적인 총학생회를 구성한 서울 지역 대학생들은 대규모 연합시위를 벌이며 민주화 일정의 조속한 공개를 요구했어. 이 시기를 우리는 '서울의 봄'이라고 불렀다네.

대학 담벼락은 온통 '대자보'가 나붙었는데 학생들은 전두환을 '剪頭漢(목 자르는 자)'이라 부르며 그에게서 피의 냄새를 맡았지. 대자보는 '계엄해제, 전두환 보안사령관의 퇴진과 정치일정 공개 및 민정이양'을 요구하는 정치적 구호가 압도적이었어. 유신체제가 무너졌는데도 민주화 일정은 안개 속이었거든.

당시 전두환 신군부의 'K-공작계획'에 의해 회유된 언론사들은 전두환을 새로운 지도자로 부각하는 한편 전두환 신군부의 권력 장악 음모를 짐짓 모른 체하며 기껏 '안개정국'이라는 말로 사태의 본질을 호도하기에 바빴어.

한편 노동현장에서도 그간 박정희 철권통치에 억눌렸던 노동자들의 투쟁이 거세게 터져 나왔지. 사북 동원탄좌의 노동자와 부산 동국제강 노동자들이 파업을 벌이며 자신의 권리를 주장하고 나섰어. 사실 79년 경제위기는 그 이듬해인 80년에 더 심화되었는데 실업율도 1979년 3.8%에서 1980년에는 5.1%로 크게 악화되었고, 어음부도율도 0.1%에서 0.18%까지 높아졌다네. 노동자들로서는 당연한 생존권 요구를 당시 언론들은 폭력과 무질서라는 편향적 시각에서 보도했고 이런 노동자들의 투쟁이 마치 정국 혼란의 요소인 양 침소봉대했어. 당시엔 노동자들을 대변할 진보정당도 없다 보니 일방적으로 매도당했던 거지.

5월 광주

전두환은 보안사령관과 더불어 중앙정보부장이라는 정보 라인을 모두 장악하고는 허무맹랑한 북한의 남침계획을 조작해 시국을 수습한다는 명분을 내세워 1980년 5월 17일 비상계엄을 전국으로 확대하며 권력 찬탈의 마각을 드러내지. 전두환 신군부는 국회를 해산하고, 내각을 대신하는 국가보위비상대책위원회(국보위)를 내세워 권력기관을 자신의 수중에 넣었어. 이 과정에서 김대중, 김종필을 체포하고 김영삼을 가택 연금하는 등 정치인들을 완전히 결박하고 그에 반발하는 대학가에 탱크와 함께 계엄군을 대거 투입했지.

계엄군들은 전북대에서 유인물을 만들던 학생 이세종의 두개골을 개머리판으로 바수어 죽이는가 하면 광주 전남대에서 비상계엄 확대에 반발하는 학생들을 잔인하게 진압하고 연행하면서 시민들을 자극했어. 그 이후는 우리가 잘 아는 피로 물든 5.18 광주민주화운동이야. 전두환은 김대중 내란음모사건을 조작하고 민주화를 요구하는 광주시민들을 유혈 진압함으

전두환을 재판하라!

로써 새로운 공포정치의 시대를 열지. 짧은 민주화의 봄은 이렇게 허무하게 져버렸다네.

광주가 피바다가 되는 걸 무력하게 지켜본 사람들은 '산 자들의 부채의식'에 시달렸어. 그리고 자기 국민을 학살한 자가 대통령이라는 사실을 도저히 인정할 수 없었어. 나아가 광주항쟁을 통해 미국도 결코 민주주의의 편이 아니라는 사실, 나아가 학살 정권을 비호한 미국의 제국주의적 실체를 분명히 깨달았지. 마치 맥베드의 유명한 대사처럼 학살자의 손에 묻은 피를 넵튠의 대양이 씻어낼 수는 없었어. 오히려 그 손이 거대한 바다들을 진홍빛으로 만들며 푸른 대양을 붉게 물들일 것이었기 때문이지.

광주의 트라우마는 80년대 내내 우리 사회를 지배했어. 한국전쟁 이후 최초로 터져 나온 반미투쟁, 82년 미문화원 방화사건은 학생운동이 더 이상 반정부 투쟁에만 머물지 않고 우리 사회의 근본적인 모순에 주목해야 한다는 급진적 메시지였다네. 그 이후 학생운동은 한국사회의 '근본적인 변혁'을 위해 '한국사회 성격', 예를 들면 한국사회가 신식민지 국가독점자본주의냐? 아니면 식민지 반봉건자본주의냐? 등을 놓고 격렬하게 논쟁하고 그에 따른 실천도 보다 '혁명적'인 면모를 띠어가지. 그와 함께 한국사회 혁명의 주체가 '노동자'임을 간파한 학생운동은 대대적으로 노동현장으로 자신의 '존재를 이전'하고.

80년 5월의 광주항쟁은 이렇게 한국의 사회운동을 단순한 반정부 운동을 넘어 우리 사회의 근본적인 변화를 지향하는 혁명운동으로까지 자신을 급진화시키는 계기였어. 전태일이 외쳤던 노동자 인간 선언은 이제 노동자 인간 해방 선언으로 한걸음 성장한 것이야.

매번 짧게 얘기한다는 게 자꾸 길어지는구먼. 그래도 인내심을 갖고 들어주니 고마워.

불온한 위장취업

오늘은 어떤 58년 개띠의 이야기로 시작해볼까 하네. 야구를 좋아하던 그는 화랑대기든 봉황대기든 놓치지 않고 보러 다니던 발랄한 여학생이었지. 선생님이 되는 게 꿈이어서 1978년에 서울대 역사교육과에 입학했어. 이제 원하던 대학도 들어왔으니 당면 계획은 괜찮은 남자와 연애하기였다는군.

그런데 마음에 드는 남학생은 거의 예외 없이 데모꾼이었지. 그러니 어쩌겠나? 그 남학생들과 친하려면 어쩔 수 없이 '운동권'에 들어야 했지. 처음 의도는 그리 순수하지 않았지만 그녀는 치마에 뾰족구두를 신고 시위에 참여하는 건 너무 불편하다는 걸 이내 깨달았고, 남학생보다 학생운동 그 자체에 점점 빠져들었대. 선생님이 꿈이었던 그는 방학 때 야학에서 구로공단의 여성 노동자를 가르치다 스스로 노동자가 되기로 결심하기에 이른 거지.

그 주인공이 바로 심상정이야.

전태일이 마지막 결단의 순간에 남긴 말 중엔 이런 말이 있지. "돌아가야 한다. 불쌍한 내 형제의 곁으로, 내 마음의 고향으로, 내 이상의 전부인 평화시장의 어린 동심 곁으로." 심상정이 본 것도 전태일이 본 것과 다르지 않았어. 약간 길지만 그의 이야기를 들어보자.

> **촌에서 공부하겠다고 올라온 13~14살 아이들이 오후 4시까지 일하고 공부하러 갔다가 밤 8~9시에 다시 공장으로 돌아왔어요. 새벽 2시까지 철야를 밥 먹듯이 할 때니까요. 가방 던져놓고 한창 어리광을 부릴 때인데 말이죠. 주로 프레스 시다(보조원) 일을 많이 했는데 너무 고단하니까 프레스에 깜박 손이 말려들어 가는 사고가 한 달이 멀다 하고 일어났어요. 정말 말린 오징어처럼 손이 납작해지는 아찔한 광경을 보게 되죠. 더 안타까운 건 한두 달 지나면 그 아이들이 아물지도 않은 손으로 다시 나타난다는 거예요.**

교사에서 노동운동가로 마음이 움직인 것도 그때였대. "동료들을 보면서 많은 생각이 들었죠. 그렇게 근면하고 정직할 수가 없어요. 말도 못하게 고생하면서 번 돈으로 동생들 학비, 부모님 약값을 보내요. 이런 사람들이 제대로 대접받고 살아야 민주사회 아닌가 싶더라고요. 몹시 순진하고 누구 탓할 줄도 모르는 이들의 권리를 되찾을 수 있으면 좋겠다고 생각했죠." 그래서 그는 "교육자를 하겠다는 마음으로, 이곳이 내가 있어야 할 자리"라고 결론을 내렸다는군.(《경향신문》, '창간기획-쉰살, 구로공단과의 대화', 2014.10.9.)

심상정은 당시 학생운동에서 노동현장으로 '위장취업'한 첫 세대야. 학생 신분을 드러내고 취업할 수 없으니 친구의 이름을 빌릴 수밖에 없었지. 70년대 민주노조가 전두환정권에 의해 모두 무너진 폐허에서 다시 노동운동의 불씨를 살린 것은 심상정과 같이 노동현장으로 '투신'한 학생운동 출신 활동가들이었어. 70년대 활동가들이 외부에서 지원하는 방식이었다면 80년대 활동가들은 아예 사회 변혁의 주체인 노동자를 현장에서 직접 조직하는 방식으로 바꿨지. 80년대 중반에는 수천 명의 학생운동 출신자들이 노동현장으로 파고들어 노동자 의식화를 위한 소그룹활동을 전개했고. 이들은 단순히 근로기준법과 같은 경제적 권익만이 아니라 사회혁명의 주역으로서 노동자 계급의식을 일깨우는 역할을 했어. 그것을 통해 '자생적 운동의 한계를 넘어 변혁운동으로' 나아가는 의식적 활동가들을 소그룹으로 조직했지.

그러나 노동운동 환경은 더 엄혹했더군. 체육관 대통령 전두환정권은 국보위입법회의에서 노동법을 개악하고 치명적인 독소조항들을 심어놓았지. 우선 노동자의 산업별 단결을 해체해 기업별노조체제로 바꿔버렸고, 이 기업별노조가 공장의 담벼락을 넘어 연대할 수 없도록 '제 3자 개입금지'라는 희대의 악법을 창안한 거야. 사실은 아예 노조를 만들지 못하도록 교섭권도 파업권도 없는 '노사협의회'로 유도했고, 노조를 만들려면 30명 이상의 발기인을 모으지 않으면 안 되도록 강제했어. 노조 설립 또한 '설립신고필증'을 교부받지 못하면 노조로 인정하지 않음으로써 사실상 허가제처럼 운영했지.

이건 뭐 산 넘고 물 건너서도 아니고, 30명 발기인을 채운 설립신고서가 접수되면 행정관청에서는 설립신고필증을 내주는 대신 회사에다 그 명단을 넘기는 일도 비일비재했대. 자본가는 당연히 노조를 포기하도록 회유와 협박을 하거나 주동자를 색출해 아예 잘라버리기도 했어. 그렇게 거의 물구나무와 다를 바 없는 고난도의 아크로바틱한 자세로 노조를 설립해도 기껏해야 기업노조였지. 노조가 발달한 서구에서는 이런 노조를 '컴퍼니유니온=황색노조(어용노조)'라 부른다네. 그런데 이런 노조를 기적처럼 만들고, 거기다가 3자개입금지라는 서슬 퍼런 악법까지 무시하며 동맹파업까지 만들어낸 게 85년 6월 24일에서 29일에 걸친 '구로동맹파업'이야. 이게 어떻게 가능했을까?

보도블록 틈새로 피어나는 민들레

80년 광주를 피로 진압하고 '통일주체국민회의'라는 관제 조직에 의해 체육관에서 대통령으로 옹립된 전두환은 그 후 사회정화운동이라는 미명하에 '삼청교육대'를 만들어 무고한 시민들까지 포함 6만여 명을 영장도 없이 검거해 폭력적인 정신개조운동을 자행하며 국민들을 일상적인 공포로 몰아넣었다. 뿐만 아니라 강제적인 언론사 통폐합과 '보도지침'을 통해 언론을 철저히 통제했어. 이렇게 테러 통치의 기반을 어느 정도 다졌다고 본 전두환정권은 철권통치의 지속이 오히려 국민의 반발을 불러올지 모른다고 판단해 83년 말부터 정치범과 양심수를 석방하고 정치규제자 해금, 제적생 복교와 학원 자율화 등의 유화조치를 편다네. 우리는 이 국면을 '유화 국면'이라고 불렀지.

이를 틈타 '민주화운동청년연합(민청련)', '한국노동복지협의회(노복협)' 등과 같은 공개적인 사회단체도 만들어지지. 진보적 월간지 〈말〉과 〈길〉 등이 창간되고 당시 노동현장의 소그룹들도 이때 일제히 노조를 설립했다네. 마치 보도블록 틈새로 억세게 피어나는 민들레처럼. 이들은 대나무가 하나의 뿌리로 넓게 활착하듯 기업 울타리를 넘어 서로 연대하고 있었어.

물론 앞에서 말한 것처럼 쉽지는 않았지. 심상정이 활동했던 대우어패럴도 청계피복노조에서 건너온 활동가 김준용을 비롯해 다양한 활동가 그룹들이 역할을 나누어 노조를 설립했지만 회사 측이 구사대를 100명까지 동원해 조합원에게 폭행을 가하는가 하면 노조 기물을 부수고, 노조 탈퇴공작을 집요하게 해대는 바람에 1천500 조합원이 100명까지 줄어드는 고난을 겪었지. 그러나 '철의 규율'로 무장한 혁명적인 활동가들은 온갖 탄압에도 굴하지 않고 노조를 지켜내었을 뿐만 아니라 1985년 5월 임금투쟁에서는 당시 평균 임금인상율의 5배에 달하는 27% 인상을 이루어내는 성과도 거둔단다.

대우어패럴만이 아니라 구로공단 내 효성물산, 선일섬유, 가리봉전자, 부흥사 등도 높은 임금인상을 쟁취하며 기세를 올렸지. 자본은 이런 민주노조운동이 다시 공단 전체로 퍼질 것을 두려워했고 전두환정권도 유화 제스처를 벗어던져 버리고 탄압본색을 다시 드러내기 시작했지. 전두환정권은 대우어패럴 임금투쟁이 끝난 지 얼마 지나지 않아 회사 측의 고발을 빌미로 6월 22일 김준용위원장 등 3명을 구속했어. 이 소식을 들은 위원장 등은 청계피복, 효성물산, 선일섬유, 가리봉전자, 세진전자 위원장과 이튿날 청계피복노조 사무실에서 긴급히 모여 이번 탄압이 대우어패럴에만 그치지 않고 구로지역 민주노조를 각개 격파할 것이라는 데 의견의 일치를 보았지. 이들은 대우어패럴이 파업하기로 한 6월 24일 오후 2시에 일제히 동맹파업을 벌이기로 결의하고 연대투쟁위원회를 조직해. 그런데 노조 대표자만 결정한다고 파업이 되는 건 아니잖아? 이들 노조 위원장들은 조합원들과 분임토의 등을 통해 함께 인식을 공유하고 동맹파업을 결의해.

이런 일이 가능했던 것은 활동가들의 치열한 '일상활동'과 사업장 울타리를 넘는 조합원들 간의 연대투쟁으로 다져진 '노동자는 하나'라는 의식이 자리 잡고 있었기 때문이었지. 하루 3천 원도 안 되는 저임금, 월 평균 100시간 잔업이라는 극심한 장시간노동, 관리직 사원들과의 심한 차별대우 등등 가혹한 노동조건에 시달리다 노동조합을 통해 '단결, 투쟁'의 맛을 본 노동자들은 더 이상 임금노예가 아니었어.

구로동맹파업

파업 첫날, 6월 24일 아침 8시, 한국노동운동사에 빛나는 구로동맹파업의 포문이 열렸지. 대우어패럴 조합원 300여 명은 '노조간부 석방하라', '민주노조 탄압 말라', '노동악법 개정하라', '집시법 언론기본법을 폐지하라', '노동부장관 물러나라'며 파업농성에 들어갔단다. 이어 낮 2시경에는 가리봉전자, 선일섬유, 효성물산 노동조합도 예정대로 파업농성에 들어갔고. 동맹파업 첫날 4개 노조의 노동자 1천300

여 명이 참석했지.

경찰은 즉시 농성장을 포위하고 검문검색을 강화하면서 몰려든 노동자들을 몰아냈어. 회사는 식량과 식수를 끊고 농성장을 고립시켰으며, 언론은 연일 좌경불순세력의 투쟁으로 매도했지.

파업 이틀째, 6월 25일 연대투쟁은 남성전기, 세진전자, 롬코리아로 확산되었고, 학생들과 청계피복 노조, 해고자, 재야단체 회원들은 26일 가리봉 오거리와 구로역에서 동맹파업을 지지하는 가두시위를 벌였지. 당시의 가두시위는 이른바 백골단의 잔인한 폭력에 자신을 노출시키는 일이었어. 우리는 '가투(가두 투쟁)'이라 불렀지만 실은 '가도(가두 도망)'의 양상이었다네. 그럼에도 학생과 노동자들은 두려움을 떨치고 차도로 뛰어나와 구속노동자 석방과 노조탄압 중지, 노동악법 철폐를 외치며 시위를 벌였지.

파업 3일째, 26일 대우어패럴 조합원 가운데 10명이 허기와 갈증으로 실신해 병원으로 실려 갔어.

파업 4일째, 탈진과 실신이 속출하는 가운데 대우어패럴 농성장에는 100여 명만 남게 되었지. 그러나 자본과 정권의 잔인한 탄압에 분노한 노동자들의 연대투쟁은 계속 이어졌어. 삼성제약 조합원 150여 명은 밥 먹기를 거부하고 지지농성을 벌였고, 효성물산 조합원들과 청계피복 노조원들은 노동부 남부지방사무소 점거농성을 시도하다 7명이 구속되기도 했다네.

자
방
동참하라
여
압된
은

파업 5일째. 마치 계엄 상황과 같은 분위기에서도 노동자들의 용감한 투쟁은 계속되었어. 부흥사 조합원 120여 명은 출근하자마자 농성을 벌였지. 돌아오는 건 구사대의 쇠파이프와 몽둥이였지만 그들의 눈에 밟히는 건 식량과 식수마저 끊어진 고립무원의 상황에서 투쟁하는 내 형제 자매였어.

파업 6일째, 29일 최후까지 버티던 대우어패럴 농성장에 서울대생 18명이 식량과 의약품을 들고 들어간 것을 빌미로 500여 명의 폭력단이 들이닥쳤어. 이로써 6일간의 구로동맹파업은 막을 내렸지.

10여 개 노조, 2천500여 명이 참가했고, 43명이 구속되었으며 700여 명이 해고당했다고 해. 그리고 동맹파업과 연대투쟁에 참여한 노조들은 와해되었고. 그러나 구로동맹파업은 미국 노동운동가 스파이즈의 말처럼 사방팔방에서 타오르는 들불처럼 혁명적인 노동운동의 불씨를 전국에 퍼뜨렸어.

구로동맹파업은 근로조건을 내세운 경제투쟁을 뛰어넘는 한국전쟁 이후 최초의 정치적 동맹파업이었어. 이 투쟁을 통해 노동자들은 민주노조를 지켜내기 위해서라도 독재정권과 싸우지 않으면 안 된다는 것을 깨달았으며 이런 깨달음은 서울지역노동운동연합(서노련)이라는 정치적 노동운동 조직 결성으로 나아갔지. 서노련에 이어 이후 '한국의 페테르부르크'라고 불린 인천에도 인노련이 결성되었고. 이들은 전국적으로 노동자들의 정치적 자각을 불러일으키기 위해 러시아 혁명기의 〈이

스크라〉와 같은 정치신문을 발간해 변혁적 노동운동의 조직화를 시도했지. 바로 이것이 구로동맹파업이 가진 노동운동사적 의의라고 할 수 있지 않을까? 얼굴 없는 노동 시인 박노해가 서노련 창립을 축하하며 보낸 시「선봉에 서라」를 소개하며 이 긴 이야기를 마무리 지어야겠어.

해방운동의 선봉에 서서
지침없이 타오르는 투쟁의 봉화불을 들고
남녘끝 공장과 항구로부터
북녘땅 광산과 논밭 끝까지
모든 착취와 억압과 외세와 분단을 가차없이 불사르라
아! 노동자여
노동운동이여
마침내 노동자가 주인되는 세상이여
그리하여 모든 인간이 제모습을 찾는
해방된 새날이여
-박노해,「선봉에 서라」중에서

6월항쟁 전야, 86년 인천 5.3 항쟁

서노련과 인노련처럼 노동운동은 전두환정권에 맞서 노동자의 정치투쟁을 조직하는 운동으로 발전하고 있었어. 변혁적 노동운동이 노동운동의 주류 노선이었지. 당시에는 19세기 말과 20세기 초의 사회혁명 이론, 맑스-레닌이라는 걸출한 노동계급운동 지도자들의 자본주의 분석틀과 혁명 이론들이 활발하게 소개되었어. 한국 자본주의도 세계 자본주의 체제에 편입되어 독점자본주의로 성숙하고 있는 단계에서 사회변혁은 자본주의체제를 근본적으로 넘어서는 사회주의 혁명으로 나아가야 한다는 관념이 지배하고 있었다고나 할까?

레닌이 건설한 볼셰비키 당과 같이 전국적인 지하 전위조직 건설의 필요성이 점차 대두하고 있었어. 그러나 이런 전국적인 노동계급의 투쟁 지휘부는 그저 골방에서 몇몇 활동가들의 논의만으로 만들어지는 건 아니겠지. 투쟁을 통해 단련되어야 하는 법이고, 그 노선의 정확성과 지도력이 대중적으로 인정받지 않으면 안 되겠지.

당시 변혁적 노동운동의 활동가들은 전두환정권의 가혹한 탄압 아래서도 굴하지 않고 조직하고 학습하고 선전하고 선도적인 투쟁을 이끌어나갔지. 그중 최대 규모의 투쟁이 6월항쟁 1년 전인 1986년 인천 5.3 항쟁이었어. 인천은 혁명적 노동운동의 기운으로 넘실거렸는데 당시 노동운동가들은 인천을 '한국의 페테르부르크'라고 불렀지. 왜냐고? 자네도 들어봤겠지만 지금으로부터 100여 년 전인 1917년 10월 러시아에서는 레닌이 주도하는 사회주의 혁명이 일어나잖아? 러시아 혁명의 심장부가 바로 페테르부르크였던 거지. 러시아 최대의 공업도시 페테르부르크는 혁명적인 노동운동의 기운으로 넘실거렸던 거야.

인천지역은 바야흐로 혁명적인 노동운동 조직인 '인천지역민주노동자연맹(인민노련)'이 태동되고 있었지. 노동자들에게 근본적인 사회변혁의 전망을 던져주는 정치신문을 준비하고 서클 수준으로 흩어져 있던 현장 노동자 조직들을 혁명적 노동운동조직으로, 장차 전국적 범위에서 혁명운동을 지도할 전위정당으로 통합해낼 조직적 준비가 갖춰지고 있었던 것이지.

이제 1986년 인천 5.3 항쟁이 터져 나오기 전의 정치적 상황을 잠시 짚어볼까? 1985년 2.12 총선에서 직선개헌을 공약으로 내건 신민당(신한민주당)이 창당 한 달 만에 치른 선거였지만 관제야당인 민한당을 누르고 제1야당이 되었어. 신민당은 이듬해 1986년 2월 12일, 1천만 개헌 서명운동을 전개한다고 선언하고 이후 전국 주요 대도시를 돌며 개헌추진위원회 지부조직을 건설하는 '개헌 현판식'으로 불을 질렀지. 전두환 군사독재에 염증을 느낀 시민들에게 울분을 터뜨릴 정치적 공간을 열어주었던 거야.

개헌 현판식에는 놀라울 정도로 인파가 운집했는데 신민당은 한편 고무되기도 했고 한편으로는 당황했지. 35만이 모인 광주에서는 신민당 지도부의 자제 요구에도 불구하고 '광주학살 책임자 처벌' 구호가 터져 나왔고, 도청 앞 분수대까지 야간 시위를 벌였어. 놀란 신민당은 그때부터 학생운동과 재야운동 지도부와 거리를 두기 시작했어. 10만이 운집한 대구 개헌 현판식에서는 재야조직 민주통일민중운동연합(민통련)도 신민당과 별도의 집회를 열어 전두환 독재 타도와 직선제 개헌을 외치며 과감하게 치고 나갔지. 이렇게 되자 결국 김대중 민추협 공동 의장이 '소수 학생'의 과격한 주장을 지지할 수 없다고 했고, 다음 날 이민우 신민당 총재는 '좌익 학생'들을 단호하게 다스려야 한다며 선을 긋더군.

5.3 항쟁은 이런 상황에서 터져 나온 거지. 신민당 지도부의 발언에 실망한 재야세력과 대학생, 노동자들은 5월 3일 신한민주당 개헌추진위원회 인천 및 경기지부 결성대회가 열릴 예정이던 인천시민회관 주위로 모여들었어. 여기는 인천 지역의 혁명적 노동자 그룹뿐만 아니라 서울지역 대학생과 노동자들도 함께했지. 이미 개헌 현판식 집회가 반독재, 직선개헌 구호와 가두시위로 이어질 것이라 예측한 정권도 대규모 경찰병력을 투입해 불심검문을 강화하는 등 현장의 긴장은 금방이라도 터질 것 같은 풍선처럼 부풀어 올랐어.

시위는 대회가 시작되기도 전에 시작되었지. 경찰의 폭력적 대응에 신민당 지도부는 시민회관에 입장하지도 못한 채 무산되었으나 2만여 명의 시위대는 주안일대를 해방구로 만들었고 2킬로미터가 넘는 경인로를 장악하고 경찰과 치열하게 대치했어.

시위대는 '광주학살 책임자 처벌', '전두환 독재 타도'뿐만 아니라 '양키 고 홈', '남북통일' 등의 구호를 외치기도 했고, 신민당의 각성을 촉구하며 타협적인 신민당 지도부를 향해 '이원집정제 개헌 반대'와 '헌법제정민중회의 소집' 등 급진적 주장을 펼치기도 했지. 전두환정권은 5.3 항쟁을 '폭도에 의한 소요사태'로 규정하고 129명을 구속하고 60여 명을 지명수배했어. 그러나 어둠이 깊으면 새벽이 머지않은 법. 인천 5.3 항쟁은 이듬해 6월항쟁으로 계승되어 독재 타도와 대통령 직선제 개헌을 내다본 '여명의 눈동자'였던 거지.

'탁 치니 억하고 죽었다'고?

자네 나이가 이제 스물셋이니 1987년 6월항쟁은 자네가 태어나기도 전의 역사로군. 나에게는 아직도 생생한 일인데 자네는 역사책에서나 보는 일이 되었다는 걸 자주 잊어버려. 자네나 나나 동시대를 살고 있으면서도 동시대를 살고 있지 않은 것 같은 느낌을 받게 된다네. 사실 나는 자네들이 열광하는 아이돌 가수의 이름도 제대로 아는 게 없고, 그들이 부르는 노래 가사도 알아듣지 못해.

나도 내가 태어나기 10년 전에 벌어진 한국전쟁은 딴 나라 얘기 같지. 좁은 땅 덩어리에서 동족 6백만이 죽고 죽였던 이 끔찍한 역사가 우리의 삶과 의식 모두를 지배하고 있지만 내 기억에는 없네. 전란을 겪으신 어르신들은 그 세대 공통의 기억을 통해 개인의 인권보다 국가의 존망이 압도적으로 중요한 문제이며 박정희 독재체제를 비판하는 이들에 대해 불편한 시선을 던지지. 박정희 시대의 상식은 고도성장을 위해서는 개인의 희생은 감수해야 한다는 것이었어. 이런 신념을 가진 어르신들은 정작 그 고도성장의 그늘에서 착취를 당해왔다고 하더라도 자기가 동의했던 시대정신을 부정하는 이들을 못마땅해 하는 거야.

자네와 어르신 세대 사이에 끼어 있는 나와 같은 세대는 박정희 시절의 '국민교육헌장'을 암송하는가 하면 국기 하기식 사이렌이 울려 퍼지면 걷던 걸음도 멈춰서 국기를 향해 돌기둥처럼 서 있어야 했던 경험을 갖고 있기도 하지만 다른 한편으로는 그런 국가주의적 동원 체제에 대해 맞서 개인의 자유와 인권이라는 가치를 지키는 것이야말로 진정 강한 공동체를 만드는 길이라는 신념을 키워나갔어. 87년 6월항쟁은 당시

20~30대 세대에 각인된 공통의 경험이지. 나는 1961년생으로 태어나 87년이 되던 그해까지 한 번도 민주주의가 이기는 걸 보지 못했기 때문에 6월항쟁은 내가 새롭게 태어나는 듯한 찬란한 경험이었어.

전두환은 7년 임기를 마치고 자신의 후임자인 노태우에게 권력을 넘겨주는 체육관 선거를 강행하려 했지. 그러나 전두환 뜻대로 호락호락하진 않았어. 군사정권의 철권통치 아래에서도 민주주의를 향한 투쟁은 점점 크게 성장했거든. 그 선두에 전두환 정권 내내 싸워왔던 학생운동이 서 있었고, 구로동맹파업과 인천 5.3 항쟁을 주도했던 혁명적 노동운동이 강하게 대두하고 있었어. 대통령 직선제 개헌은 이미 85년 2.12 총선의 돌풍에서부터 예고되고 있었으며 이듬해 전국을 뒤흔든 '개헌 현판식'을 통해 시민들의 마음에 자리 잡았지. 이렇게 대통령 직선제 개헌을 외치며 싸워왔던 시민들에게 체육관 선거는 도저히 받아들여질 수 없었던 거야. 게다가 저들은 광주학살의 주범이 아닌가 말이야.

이렇게 학생운동과 민통련을 비롯한 전투적인 재야세력, 그리고 혁명적인 노동운동 세력과 더불어 김대중, 김영삼이 지도하는 야당 세력이 '군사독재 타도'와 '직선제 개헌'이라는 하나의 목표를 향해 대열을 서서히 정비하고 있었어. 거기에 87년 1월 14일 치안본부 대공분실에서 서울대 3학년 박종철 학생이 고문으로 죽임을 당하는 사건이 발생했는데 박처원 치안감의 말이 걸작이었지. "탁하고 책상을 치니 '억'하고 죽었다"는 거야. 자기네들이 그렇게 말하면 그런 줄 알라는 고압적 태도가 아니라면 이런 말도 안 되는 거짓말을 꾸며댈 수 있겠어? 민심은 극도로 흥분했는데, 마치 유증기가 가득 찬 화약고 같았지.

이런 가운데 신민당 이민우 총재와 이철승 의원 등은 직선제 개헌 전선을 교란시키는 '내각제' 개헌 입장을 밝히는데 이는 전두환정권의 분할통치술이라고 봐야 할 거야. 김대중과 김영삼 두 야당 지도자는 즉각 반발해 신민당을 탈당해 직선제 개헌을 일관된 당론으로 하는 통일민주당 창당을 추진했는데 전두환정권은 깡패를 동원해 창당을 방해하는 이른바 '용팔이 사건'을 일으켜. 조폭 양아치 정권의 막장 드라마였지. 광주 학살 정권이 뭐가 무섭겠어? 전두환정권은 민심을 정면으로 거스르며 직선제 개헌은 없을 것이라는 호헌선언을 해버리지. 그 대가는 두 달 후 톡톡히 치르게 되지만 말이야.

6월항쟁

4.13 호헌선언 이튿날인 4월 14일 천주교 김수환 추기경 등 각계 인사들이 호헌 조치를 비판하는 시국 성명을 발표했지. 이것을 시작으로 전국적으로 지식인들의

시국선언이 요원의 불길처럼 번져갔어. 5월 17일에는 부산의 노동자 황보영국이 부산상고 앞에서 '독재타도'를 외치며 분신했고, 5월 18일 명동성당의 광주항쟁 7주년 미사에서 정의구현사제단 김승훈 신부가 박종철 고문치사 사건이 경찰에 의해 축소 · 은폐되었다고 폭로했다네. 민주화를 요구하는 분노의 시위가 전국으로 확대되어나갔지.

5월 23일 "박종철 고문살인은폐조작규탄 범국민대회 준비위원회"가 결성되었고, 고문 은폐 조작이 드러나자 전두환정권도 급한 불을 끈다는 차원에서 5월 26일 고문치사사건에 대한 책임을 물어 노신영 국무총리를 경질하는 등 정국은 소용돌이에 휘말려 들어갔어. 5월 27일에는 6월항쟁 전 과정을 주도하게 될 야당과 재야세력의 연합전선체인 '민주헌법쟁취국민운동본부(이하 국본)'가 결성되었지.

드디어 6월 10일 전국 각지에서 '박종철 고문살인 은폐조작 규탄 범국민대회'의 포문이 열리면서 6월항쟁이 시작되었어. 그날은 노태우가 민정당 대선 후보로 선출된 날이기도 했지. 그런데 6월항쟁은 6월 10일 이전부터 이미 발화되고 있었다고 봐야 해. 6.10 바로 전날인 6월 9일에는 '6.10 대회 출정을 위한 연세인 결의대회'에서 전투경찰이 쏜 SY44 최루탄에 직격으로 머리를 맞은 이한열 학생이 의식불명 상태에 빠지면서 6월항쟁 전 기간에 걸쳐 시민들의 투쟁을 격화시키는 촉매가 되었어.

박종철을
살려내라!!

6월 10일부터 6월 29일까지 근 20일간에 걸쳐 서울과 부산을 비롯해 전국 주요 대도시와 중소도시에서도 '독재타도'와 '호헌철폐'의 함성은 그칠 줄 몰랐지. 항쟁은 소위 '넥타이부대'라는 일반 직장인들의 참여로 폭이 확대되면서 더 이상 경찰병력으로는 시위대에 대항할 수 없을 정도로 시위의 규모는 커져갔어. 택시와 버스 기사들도 시위대를 위해 경적을 울렸고 시민들은 하얀 손수건을 흔들며 응원했지.

전두환은 시위가 걷잡을 수 없이 확산되자 군 투입까지 검토하지 않을 수 없었어. 일설에 의하면 6월 19일 오전 10시 30분 군대 투입을 준비하라는 명령을 내렸으나 오후 주한 미국 대사 릴리와의 면담과 레이건 대통령의 친서를 검토한 이후 4시 30분에 군 투입을 유보시켰다고 해. 피의 학살극이 재연될 수도 있는 위험한 상황이었던 거지.

이렇듯 항쟁이 달아오르면서 군 투입 가능성은 시위 지도부의 크나큰 숙제가 되었어. 항쟁 막바지인 6월 26일 '민주헌법쟁취 국민평화대행진'의 강행 여부를 놓고도 민통련을 비롯한 전투적인 재야세력은 강행론, 종교계와 야당은 신중론으로 결론을 잘 내리지 못하고 있었지.

그러나 민통련을 중심으로 한 재야세력이 독자적으로라도 대회를 강행하겠다는 배수진을 치고 자신의 뜻을 관철시켰어. 이들은 전국적으로 항쟁이 확산되어 있는 상황에서 군을 투입한다면 광주학살의 전국판이 될 텐데, 이런 무모한 짓을 88 올림픽 개최까지 준비하고 있는 마당에 전두환이 강행하기 어려울 거라는 나름의 정세판단을 한 거지.

6.26 평화대행진에는 6월항쟁 가운데 최대인 전국 33개 시, 4개 군에서 180여만 명이 시위를 벌였어. 이날 시위로 관공서 4곳과 경찰서 2곳, 파출소 29곳, 민정당 지구당 4곳이 파괴됐고, 3천467명이 연행됐지. 6월 10일 이후 이날까지 17일 동안 전국에서 일어난 시위는 2천145건이었으며, 시위대를 향해 발사된 최루탄은 35만 발이나 되었대.

전두환정권은 극적 반전을 준비하고 있었는데, 바로 민정당 대통령 후보였던 노태우의 '6.29 선언'이야. 마치 노태우의 고독한 결단인 것처럼 포장해 대통령 직선제를 수용하는 거지. 현명한 민중들은 그것을 '속이구 선언'이라고 불렀어.

전두환-노태우에게는 직선제를 수용하더라도 김영삼과 김대중이 대통령 후보 자리를 놓고 서로 경쟁하게 만들어 어부지리를 챙기려는 노림수가 있었어. 결과는 그들의 뜻대로 되었고. 이 땅의 위대한 민중들이 민주주의를 향한 결정적인 한 걸음을 옮겨 놓으면 보수 야당이 게걸스레 달려들어 반걸음 뒷걸음질 치게 만드는 기막힌 일이 어찌 이리도 자주 반복되는 건지 참 기가 막힐 노릇이지.

7, 8, 9 노동자대투쟁

"나는 대한민국을 떠받치는 노동자이니 버스 요금을 깎아주세요."

1970년대에도 이렇게 당당히 말한 노동자가 있었어. 70년대 대표적인 민주노조 원풍모방 조합원 이야기야(장남수의 진술, 『풀은 밟혀도 다시 일어선다』, 학민사). 대학생들은 대학생이라는 이유만으로 '회수권'이라는 쿠폰으로 할인 혜택을 받고 있었는데 노동자는 더 훌륭한 일을 하는 사람들이니 당연히 깎아줘야 하는 것 아니냐는 논리였지. 이들은 노동자라는 것이 너무 자랑스러웠어.

그러나 70년대 민주노조가 80년대 초 전두환정권에 의해 하나씩 각개격파를 당하고 난 이후 1987년 노동자대투쟁으로 다시 일어나기 전까지는 이렇게 말하는 노동자는 없었어. 그러다 1987년 6월항쟁 이후 활화산처럼 터져 나온 7~9월 노동자대투쟁 이후 다시 노동자는 자신이 세상의 주인임을 당당히 선포한다.

대우조선 노조위원장이었던 백순환의 '조선소 노동자 출세법'을 한번 들어보게. 대체로 노동자는 돈 많은 부모를 만나는 드문 인연과는 거리가 먼 이들이지. 그리고 '빽'도 없고 '가방끈'도 길지도 않아. 그러니 돈으로, 빽으로, 학업으로 출세

하는 길과는 인연이 없어. 그러면 어떻게 출세할 수 있을까? 그건 노동자들이 '쪽수의 힘'으로 단결하고 투쟁해서 일구어내는 거야.

거제도는 87년 노동자대투쟁 이후 길거리 풍경이 바뀌었는데, 예전에는 공장에서만 볼 수 있었던 푸른 작업복들이 거리에 넘실거렸어. 예전에는 작업복을 입고 출퇴근하는 모습은 좀처럼 보기 어려웠지. 임금도 인상시키고, 공장에서 발언권도 강해졌어. 지역사회에서 대접도 달라지고. 노조 대표자의 일거수일투족이 관심사가 되는 상황, 노동자들이 집단으로 출세한 거지.

6월항쟁은 직선제 개헌이라는 정치적 민주화의 과제를 달성하고 마무리되었어. 그러나 정치적 민주화가 곧바로 노동자의 삶의 질을 개선하는 것은 아니었지. 그럼에도 정치적 민주화가 열어놓은 공간을 통해 노동자들은 대대적인 사회경제적 처지의 개선을 요구하는 작업장 민주화 투쟁에 나서게 되는데, 바로 이것이 6월항쟁을 '사회경제적 민주화 투쟁'으로 한층 더 심화시킨 거지. 울산의 노동자들이 거대한 샌딩머신을 몰고 거리 시위를 벌이는 장면은 세상의 주인이 누구인가를 보여주는 명장면이야.

노동자대투쟁의 불씨는 현대 왕국이라는 울산 현대엔진에서 당겨졌어. 87년 7월 5일 현대엔진에서 현대 계열사 최초의 노조가 결성되자 마치 마른 섶에 불이 붙듯 7월 15일 미포조

선, 7월 27일 현대중전기, 8월 1일 현대정공에서 노조가 결성돼. 화들짝 놀란 현대그룹에서는 부랴부랴 현대중공업과 현대자동차에 어용노조를 만들어 들불처럼 번져가는 민주노조 건설 운동을 차단하려 했지. 그러나 그동안 두발 통제까지 당하며 억눌려왔던 노동자의 분노는 현대그룹 측의 어설픈 시도를 깡그리 태워버렸어. 조합원 농성과 전 조합원 총회로 어용노조는 간단히 뭉개졌고.

금강개발과 현대프랜지까지 11개 현대 계열사 모두 노조가 결성되자 '현대그룹노조협의회'를 결성해 현대그룹차원의 탄압에 공동대응 체계를 갖추게 되지. 아니나 다를까 현대그룹은 8월 16일 현대중공업을 비롯한 6개사에 휴업조치를 내려. 노조가 결성되었다고 휴업을 때리는 비상식이 버젓이 저질러진 거지. 노동자들의 분노는 이미 쓰나미처럼 울산 전역을 휩쓸었어. "현대그룹노조협의회는 연합시위를 선언했고, 17일 현대중공업 앞에 3만여 명의 노동자들이 모여 가두로 진출한 데 이어 18일에는 6만여 명의 노동자들이 운집해 공설운동장으로 행진했다. 덤프트럭, 지게차, 샌딩머신 등의 중장비를 앞세운 노동자들의 시위 대열은 무려 4㎞에 이르러 끝이 보이지 않았다. 가족들도 대열에 합류했다. 경찰은 최루탄을 난사했지만, 울산은 이미 돌이킬 수 없는 역사의 한 경계를 넘고 있었다"('[실록 민주화운동] 87. 7~9월 노동자대투쟁', 〈경향신문〉, 2005.1.26.)

민주노조시대

울산에서 시작된 노동자 투쟁은 삽시간에 전국으로 확산되었어. 거제에서 구로까지 87년 7~9월 석 달 동안 3천311건의 파업이 터져 나왔고 참여한 노동자는 122만 명이었대.

노동자대투쟁의 열기로 더욱 뜨거웠던 여름 8월 22일 거제 대우조선에서는 가두시위 과정에서 이석규 조합원이 경찰의 최루탄에 맞아 목숨을 잃는 사건이 일어나. 전태일 열사의 어머니 이소선 여사와 노무현 변호사와 이상수 변호사도 장례위원으로 결합하는 등 이 사건은 전국적인 주목을 받았으나 투쟁 지도부의 혼선과 정부의 강력한 탄압에 밀리면서 노동자대투쟁은 점차 소강을 맞게 되지. 그럼에도 노동자의 대투쟁은 민주노조 건설이라는 결실을 맺으면서 도도하게 나아가는데, 파업에 참가한 사업장의 55%에서 노조가 결성돼 87년 6월 말 2천742개였던 노동조합이 87년 말 4천104개로 증가하고, 87년 6월 말 약 105만 명이던 조직노동자가 87년 말에는 127만 명으로 6개월 사이에 무려 20만 명이 늘어나는 폭발적인 증가세를 보여. 민주노조 건설과 파업 투쟁의 여진은 88년까지 지속적으로 이어지고, 1990년 전국노동조합협의회(전노협) 건설의 조직적 기반들이 갖춰지지.

전두환 독재에 맞서 80년대 노동현장에 투신했던 노동운동가들에게도 노동자대투쟁은 갑작스레 찾아온 봄날이었어. 전국 방방곡곡에서 민주노조가 속속 만들어지고 민주노조 건설운동은 돌이킬 수 없는 대세가 되지.

이렇듯 자생적으로 터져 나온 노동자대투쟁은 직선제 개헌을 쟁취한 6월 민주항쟁이 열어놓은 공간에서 사회경제적 민주주의로 한 걸음 더 나아간 것이었지만 야당 등의 자유주의 정치세력은 경계의 눈으로 거리를 두려고 했어. 특히 언론이 가짜뉴스를 쏟아내며 노동자의 투쟁을 여론으로부터 고립시켰지. 반 노동자적 언론은 노동자들의 투쟁을 '무법 · 광란, 울산시청 수라장… 술 마시고 부수고 노래하고', '현대중공업 3백여 명 차고 방화 등 난동 1시간' '사장 등 맨바닥에 앉히고 폭언' 등으로 매도하기에 바빴어.

9월 초에 열린 임시국무회의에서 전경련 전무 조규하는 "기아기공 근로자들이 부사장을 포클레인 삽에 싣고 올렸다 내렸다 하면서 위협하고, 노래값을 요구했다" "영창악기에서는 사장을 드럼통에 넣고 굴렸다"고 보고했는데, 기아기공은 회사측이 사실이 아님을 밝혔고, 영창악기 작업장에는 애당초 사람을 넣을 수 있는 드럼통이 존재하지도 않았으나, 방송과 신문은 기본적인 사실 확인조차 없이 이러한 '반인륜적 행위'를 대대적으로 보도했지. 이런 가짜뉴스를 여과 없이 보도한 당시 언론은 지금도 '조중동'과 〈TV조선〉 동아의 〈채널A〉 종편으로 이어지는 우리 언론의 흑역사라고 봐야 하지 않을까.

이렇게 6월 민주항쟁과 7~9월 노동자대투쟁은 한 뱃속에서 태어났으나 배다른 형제처럼 자유주의 정치세력은 노동자들의 세력화에 대해 '폭력, 용공세력' 따위로 적대하며 경계심을 감추지 않고 대립하고 억압하는 길을 걸었지.

수동혁명

87년 6월 민주항쟁으로 대통령 직선제 개헌을 쟁취해놓았으니 그해 겨울 대통령 선거에서는 전두환의 군사독재정권을 끝장내고 민주정부를 수립하는 것은 따 놓은 당상이었어. 그런데 야당 지도자였던 양 김씨, 김대중과 김영삼이 서로 대통령이 되겠다고 욕심을 부리며 당도 민주당과 평민당으로 갈라서게 되니까 아닌 밤중에 홍두깨도 아니고 민주정부 수립을 열망했던 시민들은 시름이 깊어졌지. 전두환 군사독재 정권이 내세운 노태우 민정당 후보에게 직선제 개헌 성과를 헌납할 수도 있는 상황이 되자 양 김씨에 대해 '후보 단일화'를 촉구하는 목소리도 점점 커졌고. 그러나 이들은 서로 자기를 중심으로 후보 단일화해야 한다고 고집을 피웠어. 심지어 김대중은 3자 필승론을 내세우며 재야세력까지 흡수하려고 시도했지. 바로 이렇게 흡수된 세력이 이른바 김대중후보에 대한 비판적 지지세력(김근태에서 이해찬까지 이어지는 이른바 '비지세력')이 된 것이지.

한편 민중운동 세력도 '민중의 독자적 후보'로 백기완을 내세웠는데, 백기완은 수만 명이 운집한 보라매공원 유세에서 자신을 '대통령후보가 아닌 민중의 친구'로 소개하면서 양 김씨에게 '민주연립정부 수립에 동참하라'고 사자후를 토했지. 그러나 선거일이 임박해 오면서 민중의 독자적 정치세력화도 늦출 수 없는 과제였지만 백기완 후보는 죽 쒀서 개 줄 수 없다며 양 김씨에게 후보 단일화를 촉구하며 눈물을 머금고 후보사퇴를 하지.

역사에 가정은 없다지만 백기완 후보의 제안처럼 후보를 단일화해 민주연립정부를 수립했다면 노태우를 거치지 않고 김영삼, 김대중이 연이어 대통령을 하게 되지 않았을까? 그랬다면 이후 '3당 야합'이라는 과정도 없었을 것이고 부산 경남지역이 호남과 대립하는 지역주의의 온상으로 남지도 않았을 게 아닌가? 부질없는 생각일지 모르지만 정치 지도자의 잘못된 선택이 어떤 심각한 상흔을 남기는지 진지하게 숙고할 필요는 있다고 생각하게 되는군.

노태우가 87년 12월 대통령선거에서 36.6%를 얻고도 어부지리로 당선되고 난 이후 이듬해 88년 4월 26일에 치러진 13대 국회의원 선거에서는 노태우의 민정당이 과반에 훨씬 못 미치는 125석에 그치고 김대중의 평화민주당이 70석, 김영삼의 통일민주당이 59석, 김종필의 신민주공화당 35석으로 이른바 '여소야대 정국'이 형성돼. 사회 민주화의 열기는 식지 않고 지속되고 있었던 거지. 노태우정권은 마지못해 부분적 자유화 조치를 단행했으나 권위주의 통치행태는 달라지지 않았어. 이때 한국의 사회운동은 강력한 동원력을 앞세운 '강철대오' 전대협 외에도 민주화의 저변을 넓히고 심화시키는 노동조합 조직을 필두로 하나씩 진지가 구축되어가고 있었지. 민주화가 열어놓은 공간에 민주주의의 집들이 하나씩 채워지고 있었다고 봐야 할 거야. 88년 5월 15일에는 〈한겨레신문〉이 국민주로 창간되지.

이제는 하나다. 전노협!

노동자대투쟁의 불길 속에서 태어난 마창노련, 서울지역노조협의회 등 전국의 지역노조협의회들이 개별 사업장 단위의 노조 탄압에 맞서 지역 연대 투쟁을 통해 속속 건설되었다네. 진지를 빼앗기지 않으려는 진지전이 도처에서 벌어지고 있었지. 그러나 노동자들의 연대투쟁은 전두환 정권이 만든 악법 '제3자 개입금지' 조항에 의해 불법화되었고,

탄압받았어. 민주노조 연대조직의 지도자들 대부분은 3자개입 금지 위반으로 구속되거나 수배될 운명이었지.

노태우정권은 특히 노동운동에 대해 적대적 태도를 취했고 전국단위의 노조 연합 조직이 만들어지는 걸 극력 경계했는데, 88년 10월 무노동 무임금 지침을 내놓고, 12월에는 민생치안에 관한 특별지시(사업장내공권력 투입)를 잇따라 내놓았어. 88년 말 안강의 풍산금속, 89년 1월초 울산 현대중공업의 경찰력 투입을 통한 폭력 진압 등 소위 '공안통치'가 시작되지.

노동악법을 통해 민주노조 길들이기와 탄압이 지속되던 1988년 11월 13일 전태일 열사 18주기에 연세대 노천극장에는 5만여 명의 노동자들이 발 디딜 틈도 없이 빼곡히 모였어. 이들은 "노동악법 철폐하라", "전노협(전국노동조합협의회)을 건설하자" 등 구호를 외치며 시위에 나섰는데, 피로 쓴 '노동해방' 펼침막을 펼쳐 들고 단병호, 이석행, 이홍석 등 노동운동 지도자들은 '선봉대'의 호위를 받으며 끝도 없는 대열의 맨 선두에서 여의도 국회의사당을 향해 행진했지. 노태우정권의 노동운동 탄압에 대해 전국의 민주노조 지도자들은 '자주적인 민주노조' 사수를 위해서도 전국적인 노동운동의 지도부 '전노협' 결성을 서둘지 않으면 안 된다는 것을 자각했어.

1990년 1월 22일 낮 12시 40분, 눈 덮인 수원의 성균관대 자연과학대 캠퍼스 강당에서 전국노동조합협의회 창립대회가 열렸다네. 그리고 초대위원장으로 단병호를 선출했지. 경찰은 전노협 결성을 원천 봉쇄하고 단병호 위원장을 체포하려고 애초 창립대회 예정지였던 서울대 주변을 철통같이 에워싸고 있었어. 헌법상 보장된 노동조합의 전국적인 협의회 조직을 무슨 불법단체처럼 취급하지 않았다면 이런 말도 안 되는 봉쇄와 탄압은 이해가 되지 않겠지. 그러나 당시 노태우정권 당시에는 그랬다네.

이날은 공교롭게도 노태우의 민정당, 김영삼의 민주당, 김종필의 공화당 3당이 '민자당'으로 합당선언을 하는 날이었어. 한편에서는 주권자들이 만들어놓은 여소야대 정국을 뒤집기 위해 민심을 배반한 3당 야합이 선언되고, 한편에서는 자주적인 민주노조의 전국조직 창립대회를 막기 위해 경찰이 비상경계를 펼치고 있는 상황이었던 거야. 무슨 영화의 한 장면 같지 않나?

출범 당시 전노협은 마창노련 등 14개 지역조직과 연구전문노협, 병원노련 등 2개 업종조직 600여 노조, 19만 3천 명의 조합원으로 구성되었다네. 하지만 언론, 사무금융 등 업종회의와 현총련, 대우노협 등 대기업노조들이 참여하지 않았어. 결국 전노협은 탄생하자마자 위원장이 수배되고 가입노조 160개 조직에 대해서는 '업무조사'라는 교묘한 제도적 압박을 통한 탈퇴 공작에 시달렸고, 한진중공업 박창수 위원장 의문사 등 온갖 가혹한 탄압에 맞서야 했지.

전노협은 초대 단병호 위원장뿐만 아니라 2대 양규헌 위원

전국노동조합 협의회
1990.1.22

장, 문성현 사무총장 등 지도부 대부분이 구속과 수배를 달고 다녔고, 산하 마창노련 이승필 의장, 부양노련 이성도, 문영만 의장, 대구노련 정우달 의장 등 거의 모든 지노협의 지도부들이 구속과 수배를 밥 먹듯 했지. 이렇게 전노협은 마치 쇠를 담금질하듯 권력과 자본의 탄압을 홀로 뚫고 1995년 민주노총 건설까지 지역연대를 통한 전투적 노동운동의 기풍을 이어간 거야. 악전고투를 하면서도 한국자본주의가 팽창하고 있는 상황에서 기업별 노조의 연대투쟁으로 일군 임금인상과 단체협약의 성과를 전파시키는 순기능을 하는 조직이었지. 자본주의 세계체제가 한계상황에 도달해 고용위기 및 불안정 고용으로 노동시장이 양극화되는 상황에 대처하기 위한 산업별 조직화를 위해 1995년 민주노총 건설로 방향을 잡으면서 전노협은 자신의 역사적 임무를 마치게 돼.

민주노총 시대

1995년 11월 11일 전노협과 업종회의, 그리고 현총련 등 대기업노조 연합체들이 하나로 모여 민주노조의 산업별 전국조직(내셔널센터)을 건설했어. 창립당시 862개의 단위 노조가 민주노총에 가입하였고 조합원 수는 42만여 명이었지. 자네에게 11월 11일은 빼빼로데이로 알려져 있을지 모르지만 민주노총 창립일로 기억하는 것도 의미가 있지 않을까?

전노협에서 민주노총으로 조직 규모가 달라지니 그동안 〈전국노동자신문〉이라는 전노협 기관지가 〈노동과 세계〉라는 민주노총 기관지로 바뀌었어. 지면도 컬러판으로 바뀌더군. 민주노총 기관지 제호가 만들어질 때 사람들은 "〈노동과 세계〉가 뭐냐?"며 낯설어했다고 하던데 프랑스의 진보 색채의 신문 〈르몽드〉(세계)처럼 노동자의 눈으로 본 세계를 말하겠다는 포부가 담겨 있었던 거라고 봐. 민주노총은 모든 직종의 노동자들을 자신의 품에 안았지. 전교조도 민주노총 소속 조직이고, 과학기술노조도 조직이야. 과기노조는 박사들로 이루어진 조직이지. 언론노조의 기자들도 노동자고, 전경련에서 사무직으로 자본의 성채에서 일하는 전문직 노동자들도 민주노총 조합원이지. 시립예술단 노조, 공무원노조 등등 노동은 육체노동에서 예술노동에 이르기까지 세상의 모든 것이었어. 민주노총에 이르러 노동은 세계가 된 것이지.

초대위원장은 언론노조연맹의 권영길 위원장, 권영길 위원장은 젊은 시절 프랑스 파리 특파원으로 프랑스의 공화주의 전통과 사회민주주의적 개혁이 이루어놓은 성과를 풍부하게 섭렵할 수 있었던 사람으로 한국 노동운동이 가야 할 방향에 대해서도 분명한 비전을 가진 지도자였다. 민주노총 건설을 준비하는 과정에서 강령에 '산업별노조'와 '노동자 정치세력화'라는 두 가지의 축을 분명히 명시해야 한다는 데서도 권영길 위원장은 지도력을 발휘했지.

권영길 위원장은 '노동'이 사회의 한 축으로 확실한 시민권을 갖지 못한 사회는 국가적으로도 불행한 일이라는 뚜렷한 철학을 갖고 있었어. 예를 들어 독일 노총(DGB) 위원장이 신년사를 발표하면 독일 언론은 대략 일주일 정도에 걸쳐 노총 위원장 신년사를 두고 다양한 기사를 쏟아내. 독일이라는 사회가 '노동'을 사회의 한 축으로 그만한 인정과 대접을 해주고 있다는 이야기야. 대한민국은 어떨까? '노동존중 사회'라는 슬로건을 내세운 문재인 정부에서도 아직 요원한 일이지. 부자들을 돕는 건 '투자'라고 하는데 가난한 자를 돕는 건 여전히 '비용'이라고 보는 뿌리 깊은 편견이 도사리고 있어. 이걸 바꾸려면 어떻게 해야 할까? 노동 존중 사회는 누가 대신 만들어주는 것이 아니라 노동자들이 스스로 피땀 어린 투쟁의 역사를 통해 쟁취한 것이야. 권영길 위원장은 이 점을 확실히 알고 있는 지도자였어.

민주노총은 역사의 무대에 오르자마자 김영삼정권의 '신자유주의적 세계화' 정책에 맞서 싸우는 과제에 직면하게 되었는데 그것은 이전에는 크게 주목하지 못했던 불안정 고용에 관한 문제였지. 머지않아 닥쳐오게 될 고용 불안의 시대에 노동운동은 어떻게 대응해야 하느냐를 놓고 노동운동은 기업별 임금과 단체협약을 넘어선 전 사회적 문제를 자신의 등에 떠메게 된 거야.

김영삼 대통령은 재임 중에 선진국 클럽이라는 OECD에 가입하는 것을 자신의 치적으로 만들려고 했어. 그러다 보니 준비가 안 된 상태에서 자본시장개방을 적극 추진했지. 김대통령은 세계 자본주의의 정글에 한국 경제를 통째로 집어던지며 '국가경쟁력 강화'를 위해 온 국민을 총동원체제로 몰아가려고 했고, 이것을 '세계화(김 대통령은 이것을 마치 자신만의 브랜드인 양 'SEGYEHWA'라고 했다)'라고 불렀지. 사실 세계화는 미국이 자신의 고질병인 재정적자와 경상적자라는 쌍둥이 적자를 세계 시장 개방을 통해 해소하려는 전략이었어. 미국은 19세기 함포 외교와 다를 바 없이 슈퍼301조라는 자기네 통상법을 들이대며 시장개방을 강요했지. 그러다 민주노총이 태어나던 1995년에 세계시장을 하나로 묶는 WTO(세계무역기구)를 만들어 개방 압력을 높이게 되는데 김영삼정부는 국내 시장을 보호하기는커녕 오히려 자본시장, 외환시장, 금융시장을 한꺼번에 개방해 외환위기라는 최악의 경제위기를 맞이할 조건을 만들게 되었지.

민주노총은 김영삼정권의 '세계화-국가경쟁력 강화'가 경제의 금융화, 노동시장의 유연화와 직결되며 노동자 생존을 위협한다는 것을 간파하고 강력하게 전선을 형성하게 되지.

노개투(노동법개정투쟁) 총파업

"You're fired!(너는 해고야!)"

미국 영화를 보면 기업주가 이렇게 한마디만 하면 노동자는 짐을 싸야 하잖아. 그런데 우리는 좀 다르지. 우리 노동법은 기업주가 마음대로 해고할 수 없도록 노동자 보호 조항을 만들어뒀거든. 자본의 입장에서는 이게 좀 성가신 거지. 김영삼 정권도 '국가경쟁력'을 강화하기 위해 노동자도 미국처럼 마음대로 해고할 수 있도록 하자고 노동법을 뜯어고치려고 했지. 이게 바로 김영삼식 '세계화'였던 거야. 김영삼정권은 기존의 근로기준법이 노동자를 '과보호'하고 있다고 보았어. 노동자들이 노조를 건설하고 단체교섭도 하고 파업도 벌이는 상황이 오니까 이제 법을 개악해 노동자들을 공격하려고 했던 것이지. 당시 여당이던 신한국당(지금 자유한국당의 전신)은 96년 성탄절 전야에 국회에 숨어들어 자기네들끼리 정리해고제도를 포함한 노동법과 안기부법을 개악한 11개 법안을 통과시켰어. 이들 법안이 통과되는 데 걸린 시간은 7분이 되지 않았고, 노동자들은 산타클로스가 굴뚝으로 들어와 선물을 안겨주는 크리스마스의 꿈이 아니라 노동법, 안기부법 개악이라는 악몽을 받아든 것이었지.

노동법 개정 문제는 95년에 갓 탄생한 민주노총에게 커다란

"정리해고제 2년 유예" 통과!
땅,땅,땅!!
노동법 개악저지
우리가 직접 진보정당을 만듭시다

도전이었어. 권영길 민주노총 위원장은 일단 김영삼정권이 사회적 대화기구랍시고 만들어놓은 '노사관계개혁위원회(이하 노개위)'에 참여하면서 노동법 개정 협상이 어떻게 진행되는지를 산하 조직에 그때그때 보고하고 투쟁의 동력을 서서히 예열시켜나가. 혹자는 권영길 지도부가 노개위에 참여한 것 자체가 자본의 포섭전략에 말려든 것이라며 잘못된 결정이라고 주장하지만 권영길 지도부는 애초 노개위에서 어떤 아름다운 합의가 만들어질 것이라고 기대하지는 않았어. 노개위의 교섭과 갈등상황을 빚어내는 과정을 통해 민주노총은 제3자 개입 금지조항 철폐와 자주적 단결권 요구 등을 조합원들에게 효과적으로 홍보할 수 있었고 이 과정에서 농성투쟁과 교육 등 다양한 사업을 체계적으로 배치하면서 조직 전체를 훈련시킬 수 있었지. 단위 사업장의 임금이나 근로조건이 아니라 '노동법 개정'이라는 정치적 요구를 걸고 전국적 총파업을 조직한다는 것은 쉬운 일이 아니었어. 노개위를 통한 노-정교섭 과정이 실시간으로 공유되는 과정을 통해 민주노총 조합원들은 노동법개정을 위한 총파업을 준비할 수 있었지.

기업별노조 체제를 벗어나지 못한 이제 고작 한 살배기 민주노총이었어. 민주노총 위원장 이름으로 떨어진 총파업 명령에 얼마나 많은 '기업별 노조' 조직이 움직일지 알 수 없었는데, 기아자동차 노조가 공장을 멈추고 거리로 쏟아져 나왔다는 소식을 들은 명동성당의 민주노총 지도부는 전율을 느꼈다고 해. 이어 울산 현대자동차 노조를 비롯한 현총련 소속 노조들, 그리고 서울지하철노조와 방송 4사 노조, 대형 병원 노조 등이 적극 호응하며 파업 투쟁에 동참했지. 파업에 참여한 노동자들은 지도부가 농성하고 있는 명동성당으로 집결했어. 총파업의 첫날이 그렇게 시작된 거야. 이후 40일간 벌어진 파업 가두집회에는 연인원 350만 명이 참가했고. 총파업 집회가 걷잡을 수 없을 정도로 기세를 올리자 1월 21일, 결국 정부는 민주노총 지도부에 대한 사법처리 방침을 거두고, 노동법을 재논의하겠다고 물러서. 날치기 노동법 개정안이 무효화된 거지. 총파업의 승리였던 거야. 그러나 3월 10일 여야가 합의한 단일안은 '정리해고 시행을 2년 유예한다'는 것. 전투에서는 이겼으나 전쟁에서는 진 거지. 이른바 '여야가 합의'에 노동은 없었어. 노동자들은 법을 다루는 입법부에 노동을 대표하는 의원 하나 없는 현실을 목도했고. '노동자 정치세력화' 없이는 총파업으로도, 전국적인 가두집회로도 노동자의 요구를 온전히 관철시킬 수 없다는 것을 뼈저리게 느꼈던 거지.

자, 그럼 지금까지는 20대 청년들이 '역사 책'을 통해서만 접할 수 있었던 이야기였다면 다음에 서술할 내용은 우리가 동시대에 겪었던 일들이야. 바로 전태일이 살아 있었다면 함께했을 진보정당에 관한 이야기들이지. 이 이야기들은 전적으로 나의 주관적 경험 세계에서 길어 올린 건데, 천천히 읽어봐 줄래?

2부

민주노동당 시대

각성

전태일 이후 30년의 세월이 흘러 새로운 천년이 시작되던 2000년, 노동자들은 노동자 정치세력화를 위한 힘찬 여정을 시작하게 된다. 그 이름은 바로 '민주노동당'. 이 새로운 여정을 소개하기에 앞서 그간의 역사를 간략히 되짚어보자.

1987년 6월 민주항쟁에 이어 그해 7~9월 노동자대투쟁이 활화산처럼 터져 나왔다. 군사독재 정권하에서 권리를 박탈당한 채 신음하던 노동자들이 억압체제가 이완된 틈을 뚫고 분출한 것이다. 6월 민주항쟁과 노동자대투쟁은 광범위한 사회변혁으로 이어졌다. 전노협, 전농, 전교조, 전빈련, 전대협 등 다양한 사회계급, 계층이 조직되었고, 여소야대의 정당 정치가 힘을 가지게 되었다. 한겨레신문과 같은 국민주 신문이 탄생하면서 언론환경도 바뀌었고, 지체되긴 했지만 지방자치제도 부활했다.

그러나 87년 부활된 대통령 직선제 개헌은 직선제 말고는 여전히 많은 문제점을 안고 있었다. 대통령 긴급명령권, 공무원 노조금지, 대통령 대법관 임명권 등은 박정희의 유신헌법이 가진 독소조항인데 그대로 도입된 것이다. 수백만 국민이 거리에서 피 흘리며 싸웠지만 정작 개헌 협상은 김대중, 김영삼, 노태우, 김종필이 주도했고, 대통령 4년 중임제 등도 검토하지 않고 서둘러 5년 단임제로 합의하는 것으로 정리해버린 것이다.

그럼에도 6월 민주항쟁은 가히 시민혁명이라 불러도 손색이 없을 정도로 항쟁 이전과 이후의 한국사회를 바꾸어놓았다. 이렇게 형성된 정치사회체제를 우리는 '87년체제'라고 불렀다. 6월 항쟁을 사회 전반의 변혁으로 이어지게 한 것은 시민사회의 조직화, 특히 노동조합의 조직화 덕이라고 할 수도 있다. 노동자대투쟁 이후 89년의 노조 조직율은 19.8%를 기록할 정도로 노조 결성 붐이 식지 않고 이어졌다. 국가의 폭압에 눌려 왔던 시민적 권리에 대한 자각이 노동조합이라는 시민사회의 진지를 구축하면서 행진을 지속한 것이다.

이와 같은 민주노조운동의 폭발을 보며 한국사회의 진보적 전위들은 '민중당' 창당 등 정치적 조직화를 시도했다. 그러나 애석하게도 대중운동은 곧바로 진보정당 건설과 연결되지는 못했다. 대중적 진보정당 건설은 그 후 10년이 지체되었다.

서구의 진보정당들이 건설될 당시의 상황을 보면, 급속한 산업화와 민주화라는 두 가지 계기를 사회적 특징으로 하고 있었다. 이와는 달리 한국사회에서 진보정당의 건설은 6월항쟁이라는 민주화의 계기도 놓치고 당시 3저 호황이라는 계기도 놓쳤다. 역으로 민주노동당은 한국 자본주의의 지속 가능성을 의심받는 외환위기 상황에서 본격적으로 추진되었다. 전쟁과 분단이 만들어낸 강력한 반공이데올로기는 진보정당이 시민권을 얻기 힘든 조건이었고, 재야운동과 노동운동을 비롯한 사회운동의 주체들이 여전히 진보정당의 시기상조론을 고집하고 있는 상황에서 대중적 진보정당은 '미래'의 문제로 치부되었다. 그러나 대중적 노동운동이 '민주노총'을 조직할 정도로 커졌고, 외환위기라는 자본주의의 쓴맛을 보았으며, 민주화 이후 전후 세대가 사회의 중핵을 차지하며 레드 콤플렉스가 희석되고 있는 조건에서 더 이상 진보정당의 건설을 늦출 이유가 없었다.

이런 조건에서 1997년 민주노동당의 전신인 '국민승리21'이 결성되었고 민주노총 권영길 위원장을 대통령 선거 후보로 선출했다. '국민승리21' 결성의 동력은 1996년 12월에서 97년 1월로 이어진 노동법-안기부법 개정 총파업 투쟁이었다. 민주노총 역사상 유일하게 '총파업(제네스트)'이라는 이름을 붙일 수 있는 노동법-안기부법 개정 총파업은 날치기로 통과된 법안을 무효화하는 데까지는 성공했다. 그러나 정작 입법부에 노동자의 입장을 대변할 진보정당이 없는 탓에 정리해고제, 변형근로제를 완전히 철회시키지는 못했다. 97년 3월 노동법이 재개정되면서 민주노총은 '노동자 정치세력화'를 더 이상 늦출 수 없다는 결의를 모았다. 그 이전까지만 하더라도 '노동자 정치세력화'라는 말은 노조 간부나 지식인 수준에서 거론되는 말이었으나 97년 이후부터는 조합원 대중들에게도 익숙한 말이 되었다.

물론 현실은 그리 녹록지 않았다. 이미 지역주의에 기반을 둔 양당체제가 공고히 자리 잡은 상태에서 제3 정당으로 틈새를 비집고 들어가야 하는 상황이었던 것이다. 97년 대선에서 권영길 후보는 60만 민주노총 조합원의 절반에 불과한 30만 6026표, 1.2% 득표에 그쳤다. 기대에 못 미치는 득표에 실망한 일부는 국민승리21을 떠났으나 울산과 창원, 거제 등 노동자 밀집지역에서 확인된 상대적으로 높은 득표율은 진보정당 건설의 꿈을 포기할 수 없게 만들었다. 권영길 대표는 민주노총 위원장직을 던지고 국민승리21을 기반으로 진보정당 건설에 매진했다.

민주노동당 창당

"새 세상을 꿈꾸는 자만이 새 세상의 주인이 된다"

1997년 대선 도전 이후 2년에 걸쳐 '국민승리21'을 모태로 민주노동당 창당 작업이 진행되었다. 노동조합의 정치활동을 틀어막아왔던 노동조합법이 96, 97년 노동법개정 총파업으로 돌파되었다. 이제 남은 것은 스스로의 결단과 실천뿐이었다. 국민승리21 대표 권영길은 그 2년간 부산, 울산, 거제, 광주, 목포, 대구, 대전, 강릉, 인천, 포항, 제주를 수

민주노동당과 함께!!
가자!
민중의 바다로!

도 없이 돌며 노동자들과 대화를 나누며 바닥부터 차근차근 기초를 다져갔다. 당 창당 전에 '창간'된 기관지 〈진보정치〉도 한몫을 했다. 일본의 〈아카하타〉, 프랑스의 〈리베라시옹〉과 같이 뚜렷한 당파성을 가지면서도 진보정당 건설로 사람들의 마음을 모아나가는 독립된 편집권을 가진 기관지였다.

국민승리21은 98년 지방선거에서 울산 북구와 동구 두 구청장을 당선시켰고, 노동자 정치세력화야말로 노동운동과 민중운동이 지향해야 할 길임을 웅변했다. 1999년 8월 29일 민주노총, 전국연합, 전빈련 소속 활동가들과 푸른 작업복의 노동자들이 권력과 자본의 아성인 여의도 63빌딩 국제회의장에 진입했다. 진보정당 창당의 물꼬가 터진 것이다. 총 6천여 명이 발기인으로 합류했고 이날 대회장에는 1천600여 명이 참가했다. 장장 9시간에 걸쳐 진행된 발기인대회에서 상임대표 서리로 권영길이 선출되었고, 새로운 진보정당의 당명으로 '민주노동당'이 치열한 토론과 드라마틱한 투표과정을 거치며 결정되었다.

또 한 세기가 바뀌었다. 새로운 밀레니엄이 시작되었다. 2000년 1월 30일 올림픽 역도경기장에서 드디어 그동안 꿈꿔왔던 대중적 진보정당, 민주노동당이 창당되었다. 초대 당대표로 선출된 권영길 대표는 "민중에게 희망을 주는 새로운 정치세력의 출현은 시대적 요청"이라며 "민주노동당은 2000년을 부패와 지역주의로 얼룩진 후진적 정치 청산의 원년으로 만들고자 한다"고 밝혔다.

민주노동당은 창당과 함께 어떤 기성 정당도 생각하지 못했던 여성 30% 할당제, 모든 공직후보자의 상향식 공천 등이 담긴 당헌과 노동자 · 민중 주체의 민주정치 실현, 자본주의 모순을 극복하는 민주적 경제체제 수립, 평화적이고 민족화합적인 통일의 추구 등을 뼈대로 하는 강령을 채택했다.

의석 하나 없어도

-민주노동당의 상가임대차보호법 제정운동

"의석 하나 없는 정당이 모범적인 입법 활동을 해냈다."

민주노동당의 상가임대차보호법 제정을 두고 한 말이다. 1997년 대선의 권영길 후보 정책 공약이었던 이 법안은 민주노동당의 민생정책 과제로 이어졌다. IMF 사태 이후 급증한 임대차 분쟁 과정에서 영세 상인들은 일방적인 임대료 인상이나 계약해지 통보뿐만 아니라 보증금을 떼이기도 하는 등 피해가 속출하고 있었다. 민주노동당은 녹색소비자연맹, 함께하는 시민행동, 참여연대 등과 함께 '상가임대차보호공동운동본부'를 조직하고 상가임대차보호법 제정 캠페인에 착수했다. 당은 피

건물주
민주노동당
상가 임차인

해사례 조사와 전 당원 민원신청 운동, 거리 상담을 비롯한 무료상담, 법 제정 캠페인과 상인대회 등 강력한 캠페인을 벌여나갔다. 의석 하나 없는 정당이었지만 캠페인 능력에서는 발군이었다. 그런 의미에서 민주노동당은 강한 정당이었다.

IMF 외환위기 이후 정리해고로 치킨집을 차렸다가 건물주 부도로 임대보증금을 통째로 날리기도 한 영세 상인들의 눈에는 민주노동당의 상가임대차보호법 제정 활동이 유일한 희망이었다. 이런 와중에 '한국부동산신탁의 부도사건'이 터졌다. 서민들의 피해액만 2천500억에 달했으며 피해 상인들의 원성은 하늘을 찔렀다. 정치권도 민주노동당이 입법 청원한 상가임대차보호법 제정을 미룰 수 없게 되었다. 2001년 12월 7일 국회 본회의에서 "가결됐음을 선포합니다."는 짧은 한마디로 법안이 통과되었다. 권영길 후보의 제안이 있은 지 4년 만에 비로소 결실을 맺은 것이었다. 비록 입법취지를 훼손할 수 있는 결함도 포함되긴 했지만, 경매 시 세입자의 임대보증금을 보호할 수 있는 대항력 제도와 세입자 계약갱신청구권제도 등 400만 상가 임차인의 권리를 보장받을 수 있는 길이 열린 것이었다.

민주노동당은 재벌의 소유구조 개혁이나 노동자의 고용 안정과 같은 문제뿐만 아니라 영세 상인들의 민생을 챙기고, 약탈적 고금리로 고통받는 서민들의 민생고에도 주목한 명실상부한 '민생지킴이 정당', '경제민주화 정당'이었다.

제도효과

-3회 지방선거, 민주노동당이 자민련을 누르고 제3당으로 도약하다

행운의 여신은 준비한 자에게만 미소를 짓는다.

2002년 3회 지방선거가 치러진 6월 13일 민주노동당에게 행운의 여신이 미소를 지었다. 국회의원 하나도 없는 신생정당이 17개의 국회 의석을 가진 자민련을 제치고 일약 제3당으로 도약한 것이다. 민주노동당이 준비한 것은 무엇이었을까? 상가임대차보호법 입법 운동을 비롯해 민생을 돌보는 강력한 캠페인도 있었겠지만 비례대표를 선출하는 현행 선거제도가 위헌이라는 헌법소원 적금을 부어두기도 했다.

지방선거를 앞두고 민주노동당은 노회찬 부대표의 진두지휘 아래 기존의 비례대표 의원을 선출하는 방식이 위헌이라며 헌법소원을 제기했다. 기존 방식은 별도의 정당투표를 하지 않고 지역구 출마자의 득표를 합산해 비례의석을 배분하는 방식이었다. 그러나 이것은 지역구 후보에게 던진 표를 통한 간접투표이므로 '직접'투표라는 헌법 규정에 위배된다는 것이 민주노동당 주장의 핵심이었다. 헌법재판소는 민주노동당의 헌법소원을 받아들였고 2002년 3회 지방선거 때부터 적용되게 되었다.

1인2표제
자민련

1인 2표제라는 획기적인 선거제도 변화를 주목하는 사람은 별로 없었다. 기성 정당들은 그래봤자 광역 의회 의석 1석 정도에 불과하다고 가벼이 여긴 것이다. 그러나 독일식 정당명부 비례대표제를 일관되게 주장해왔던 민주노동당으로서는 정당 득표율에 따른 비례대표제의 문을 여는 첫 선거였고, 제3당으로 도약하는 교두보를 구축하는 관문으로 보고 여기에 총력을 쏟아 부었다. 선관위가 변화된 선거제도, 1인 2표제 홍보에 소극적이라며 항의하기도 했으며 선관위를 대신해 모의투표용지까지 만들어 홍보했다.

3회 지방선거는 붉은 악마의 열기로 가득 찬 월드컵 한복판에서 치러졌다. 또한 김대중 대통령의 아들 비리를 물고 늘어진 한나라당과 민주당 간의 부패정권 심판 대 원조 부패 심판이라는 진흙탕 공방전 속에서 치러진 선거였다. 그런 탓에 투표율은 사상 최저인 48.9%를 기록했지만 민주노동당의 "한 표는 현재, 다른 한 표는 미래를 위해"라는 선거 캠페인 전략은 정치적 냉소를 뚫고 나아갔다.

1인 2표 정당투표제가 처음 도입된 선거에서 민주노동당은 8.13%, 133만 표를 득표함으로써 6.5%에 그친 자민련을 넘어섰다. 울산에서 2명의 기초단체장을 당선시켰고, 광역비례 9명을 포함해 총 11명의 광역의원을 당선시켰다. 언론들은 3회 지방선거 결과를 "한나라당 압승, 민주당 참패, 자민련의 몰락, 민주노동당 약진"이라고 정리했다. 이로써 민주노동당은 2004

년까지 22억여 원의 국고보조금을 받는 제3당이 되었다. 그 힘으로 연말 대선에서 권영길 후보를 선거방송 토론에 당당히 내보낼 수 있었으며 "국민 여러분, 살림살이 나아지셨습니까?"를 안방 구석구석까지 전달할 수 있었다. 그리고 그로부터 2년 후 민주노동당은 44년 진보정당의 역사에서 10석의 국회의원을 배출하는 기적을 만들어냈다. 제도 변화가 정치를 어떻게 바꾸는지 유감없이 보여주는 순간이었다.

새로운 정치언어

–"국민 여러분 살림살이 좀 나아지셨습니까?"

2002년 3회 지방선거에서 일약 3당으로 올라선 민주노동당은 쾌속 항진을 계속했다. 2002년 12월 19일 치러진 제16대 대통령선거에서 민주노동당 권영길 후보는 대선후보 방송 토론에 진출했다. 5년 전 국민승리21 대선후보로 나서 2군 선수들 틈바구니에서 별 존재감도 없이 뛰던 권영길 후보가 당당히 메이저리그에 진출한 것이다. 아직까지 회자되고 있는 "살림살이 좀 나아지셨습니까?"라는 소박한 물음은 권영길 후보가 방송토론에서 선보인 말이다. 국민들의 살림살이를 돌보는 것이 정치의 본령이라는 것을 권영길 후보는 그렇게 표현한 것이다.

민주당 노무현 후보와 한나라당 이회창 후보를 양쪽에 놓고 권영길 후보는 한나라당은 '부패 원조당'이며 민주당은 '부패 신장개업당'이라고 일갈했다. 그리고 부유세와 무상교육, 무상의료라는 가뭄의 단비 같은 공약을 쏟아내며 진보정당이 추구하는 정책이 무엇인지 국민들의 귀에 쏙쏙 들어가게 설명할 수 있었다. 평소 제도 언론에서는 잘 눈에 띄지도 않던 민주노동당 권영길 후보가 방송토론의 스타로 부상하고 있었다. 동료시민들은 술렁거리기 시작했다. 대선 전 9월 5일 1.7%의 지지율이 선거 직전 12월 15일에는 4.7%로 뛰어올랐다. 양강 구도의 틈바구니에서조차 권영길 후보의 지지율은 쑥쑥 자라고 있었다. 지난 대선에서 30만 표로 좌절했던 기억을 깨끗이 씻어내고 100만 표 돌파는 무난해 보였다. 그러나 최종 득표는 3.9%인 95만 7천148표. 100만 표의 벽을 넘지 못했다.

16대 대선 투표 직전에 정몽준의 노무현 후보 지지 철회 선언이 있었고 이 소식이 전해지자 낙승을 예상하던 시민들이 동요하기 시작했다. 유시민은 12월 19일 0시 50분 인터넷에 이런 글을 올렸다. "노무현의 승리를 예상하고 권영길에게 표를 주려고 했던 사람들이 대거 노무현으로 돌아설 것입니다. 이 사태로 인해 권 후보 득표율은 여론조사 지지도의 절반으로 빠지게 될 것입니다." 이근원이 쓴 『아빠의 현대사』에는 이런 대목이 나온다. "전주에 사는 민주노동당 당원인 J씨는 이름난 노

국민 여러분
행복하십니까?
살림살이
좀 나아지셨습니까?

동운동가이고, 한때 혁명을 꿈꾸는 조직의 일원이기도 했다. 그는 12월 18일 밤 10시 정몽준이 노무현과의 결별을 선언했다는 소식을 듣고 밤새 잠을 설쳤다. 결국 그는 집사람과 함께 투표장에서 노무현을 선택했다. 그리곤 민주노동당에서 재정 마련을 위해 조직한 선거 참관인을 했다. 이 하나의 장면이 2002년 대선을 상징적으로 표현했다. 뒷날 조사해보니 민주노총 조합원 중에서 36.8%가 권영길을, 47.4%가 노무현을 찍은 것으로 나타나기도 했다." 이른바 소신투표와 전략투표의 딜레마였다.

권영길 선거 캠페인을 하던 이들도 한나라당이 어부지리를 얻을까 싶어 눈물을 머금고 돌아섰던 많은 장면들이 보고되고 있었다. 이런 딜레마 때문에 진보적인 인사들 내부의 갈등도 심화되었다. 그러나 프랑스처럼 대선 결선투표제가 있다면 간단히 해결될 문제였다. 1차 투표에서는 소신투표를 하고 결선투표에서는 전략투표를 하면 되기 때문이다. 갈등하지 않아도 될 문제를 갈등하고 결국 반목하게 만드는 것은 제도의 불비 때문이다. 원래 제도화란 이런 국민들의 고민을 해소하기 위한 방편으로 마련되는 것이다. 물론 1차에서 과반 득표자가 없을 경우 두 번 선거를 치러야 하기 때문에 비용이 추가로 든다. 그러나 정치적으로나 경제적으로 선진국인 프랑스가 왜 그런 비용을 치르는지도 생각해봐야 한다. 민주주의의 비용을 아낀 결과는 국민들이 원치 않는 정치적 결과를 보정할 수 없다는 것이고, 그로 인해 40조 원에 이르는 자원외교 혈세 탕진 같은 경제적 재앙으로 돌아온다는 것을 우리는 비싼 수업료를 치르고 알게 되었다.

그러나 현실은 현실, 불비한 제도를 탓할 수 없었다. 권영길 후보는 동요하는 동료시민들에게 한나라당과 민주당 사이에는 실개천이 흐르지만 민주당과 민주노동당 사이에는 한강이 흐른다며 행복해지는 걸 두려워 말라고 호소했다. 비록 절반의 표를 도둑질당했지만 100만 표에 근접한 성공을 거둔 민주노동당은 대선 이후 괄목상대할 만큼 유명해져 있었다.

비례 50%는 여성에게

-정치문화 바꾸는 민주노동당

2003년 3월 1일 민주노동당은 정기 당대회에서 국회의원 비례대표의 할당비율을 종전 '30% 이상'에서 '50% 이상'으로 확대했다. 아울러 명부의 순위 1, 3, 5번 등 홀수 순번을 여성에게 할당할 것을 당헌에 못 박음으로써 여성할당 50% 이상을 명문화한 최초의 정당이 됐다.

민주노동당은 2000년 창당 당시 당헌에 당직과 공직 후보에 여성 30% 이상의 할당을 명시한 바 있다. 그러다가 2002년 지방선거를 앞두고는 당규를 정비해 광역비례 후보의 50%를 여성으로 할당하고 1번부터 홀수 순번을 모두 여성으로 할당함으로써 9명의 여성 광역의원을 배출한 바 있다. 민주노동당의 여성당원 비율은 2002년 말 현재 22%에 불과해 남성당원에 비해 현저히 그 비율이 낮았으나 남성에 비해 소수자의 지위에 있는 여성의 정치적 참여를 제도적으로 보장해야 한다는 진보적 지향을 100% 관철시킨 것이다.

이에 비해 한나라당이나 민주당의 경우 말로는 여성의 정치적 진출을 보장한다고는 하지만 비례대표 후보의 후순위와 말석에 여성을 배치함으로써 실질적인 보장은 이루어지지 않고 있었다. 2000년 16대 총선에서 여성공천할당제가 처음 도입되긴 했으나 강제성이 없고 자발적 실시를 원칙으로 한 탓이다.

2002년 3회 지방선거에서 광역비례 전원을 여성으로 채우는 것을 확인한 여성단체들은 민주노동당이야말로 진정한 여성의 당이라며 그 진가를 인정했다. 17대 총선을 1년 앞둔 2003년 3월에는 아예 당헌에다 못을 박으니 나머지 당들도 마지못해 끌려왔다. 이렇게 해서 비례대표 여성의원 수는 13대와 14대, 15대에서 6명, 3명, 7명에 그쳤으나 여성할당제가 도입된 16대엔 11명으로 두 자릿수로 올랐으며 17대에 29명, 18대 27명, 19대 28명으로 30명에 근접했다. 전체 비례대표 54명 중 절반을 넘어선 것이다.

여성할당 외에도 진성당원제에 의한 당 운영과 당원의 직접

투표로 공직 후보를 선출하는 민주노동당 방식은 기성 정당에서 쉽게 흉내 내기 어려운 것이었다. 비록 원외정당이지만 민주노동당의 선진적인 정당문화는 시민사회에서 호평을 받으면서 기성 정당들의 내부 개혁을 자극했다. 민주노동당은 이렇게 정당 문화를 하나씩 바꿔내면서 정치를 바꿔나갔다.

무상급식운동 원조 민주노동당

-복지 체험 동맹은 복지국가의 기틀

오늘날 무상급식이 정착되기까지는 원외 정당 시절부터 풀뿌리 시민단체와 결합해 학교급식법 개정과 급식조례 주민발의운동을 주도한 민주노동당의 노력이 있었다는 사실을 기억해야 한다. 2003년 9월 3일 민주노동당은 '학교급식 개혁 추진단'을 발족시켰다. 추진단은 학교급식법의 전면 개정과 조례 제정을 주 임무로 하고 시도당(시도지부)을 비롯해 지구당에 이르기까지 시민단체와 함께 학교급식조례 제정운동을 펼치도록 했다.

비위생적인 대량 급식으로 잦은 식중독 사고가 발생하고 있는 상황에서 시민단체들도 아이들의 건강하고 안전한 학교급식을 위한 조례제정운동에 적극 나서고 있었다. 민주노동당의 광역시도지부와 지구당들은 이런 시민단체들과 함께 지역별 공동운동본부를 구성하고 직영급식과 우리 농산물 이용, 급식 교육 강화, 급식정보의 상시 제공, 급식재정 확보를 요구했다.

전국주부교실중앙회와 식생활국민운동본부의 공동조사에 따르면 학교급식의 46%가 수입산 식재료를 쓰고 있었다. 국산 농산물 식자재 납품 입찰도 적정가 낙찰이 아니라 최저가 낙찰제로 값싼 식재료를 공급함으로써 학교급식을 위협하고 있는 상황이었다. 게다가 위탁급식을 하는 학교들의 경우 공장식 대량 조리와 집단급식에 따른 비위생적 환경에 속수무책이었다. 아이들의 식탁은 농약과 비료의 과용, 유전자 조작 식재료 등으로 오염되어 있었으며 화학조미료, 식품 첨가물 남용으로 아토피성 질환 등에도 무방비 상태였다.

바로 이런 상황에서 민주노동당은 건강하고 안전한 우리 농산물로 아이들의 건강을 지키는 것은 물론 WTO 농산물시장 개방으로 위기에 처한 농업을 지킨다는 목표를 위해 학교급식법 개정과 조례제정운동을 전당적으로 추진한 것이다. 민주노동당은 특보, 시민 홍보용 영상 등을 제작해 전국에 배포했고 대대적인 서명운동에 돌입했다. 시민단체들도 전국에 지역조직을 갖고 있는 민주노동당이 학교급식조례제정운동에 주도적으로 나서주길 바라고 있었다. 민주노동당이 학교급식법 개정과 학교급식조례 제정운동의 선봉장임을 조직과 실천으로 인정받은 것이다.

친환경. 무상급식
냠냠...
진짜 맛있어

민주노동당 서울시당은 8월 29일 민주노총 서울본부, 전교조 서울지부, 참교육학부모회, 생협연합회 등과 학교급식조례제정 서울운동본부를 구성해 서명운동에 돌입했고, 산하의 지구당들도 주도적으로 나섰다. 서울의 14개 구에서 지구당이 풀뿌리 시민단체와 공동운동본부를 구성해 조례제정을 위한 주민발의 서명운동을 주도했다. 한 예로 관악 갑 · 을지구당의 경우 관악주민연대, 전교조관악동작지부, 도림천주민모임, 한살림 등과 함께 구조례 제정을 위한 공동운동본부를 구성해 11월 말까지 서명운동을 펼쳤다. 경기도, 인천, 대구, 경남, 충북 등 광역시도당도 공동운동본부를 일제히 구성해 주민발의 서명운동에 맹렬히 나섰다. 이러한 민주노동당과 풀뿌리 시민단체들의 노력에 의해 학교급식조례가 각 시도에서 속속 제정되었으며 그 힘이 바탕이 되어 무상급식으로까지 나아간 것이다.

“헌법을 버리란 말인가?”

-민주노동당, 이라크 파병 반대, 노무현 행정부와의 갈등

노무현 대통령 임기 첫해인 2003년 4월 2일 이라크 파병 동의안이 국회를 통과했다. 179명이 찬성했고 반대 68명, 기권 9명이었다. 미국에 의한 이라크 점령은 나중에 명백히 밝혀졌지만 명분 없는 전쟁범죄행위였다. 9.11 테러 이후 미국 부시정권은 테러와의 전쟁을 수행하겠다며 아프간에 이어 이라크와 전쟁을 벌였다. 이라크 침공의 본질은 미국 텍사스 석유 부자들의 이익을 대표하는 석유 전쟁이었다. 텍사스 석유 부자 부시정권은 이라크가 테러를 비호하고, ‘대량살상무기’를 보유하고 있다고 거짓 선전을 해대며 전쟁의 구실을 만들었다. 이어서 UN 안보리의 결의도 없이 직접 동맹국들을 상대로 이라크 파병을 강요해 연합군대를 조직했다. 참전을 결정한 토니 블레어 영국 수상이 ‘부시의 푸들’이라는 불명예를 불사한 것도 이 전쟁의 본질인 석유 패권에 한 발을 걸치기 위한 부정한 국익 논리였다.

부시로부터 참전을 요구받은 노무현 행정부는 고민에 빠졌다. 나중에 대통령 비서실장을 지냈던 문재인에 따르면 “옳지 않은 선택으로 역사에 기록될 것이라는 걸 당시에도 그렇게 생각했으며 지금도 그렇게 생각한다. 다만 옳다고 믿어서가 아

침략 전쟁을
반대하는 헌법을
버리란 말이오?
파병 반대

니라 회피할 수 없는 선택이었다"고 자신의 저서 『운명이다』에 기록하고 있을 정도로 노무현 대통령과 참여정부의 고민은 깊었다. 당시는 북핵 위기가 고조되면서 미국 일각에서는 북폭을 비롯한 제한적인 대북 공격설이 나오고 있었고 대북봉쇄 등 제재조치도 제기되는 상황이었다.

결국 노무현 행정부는 부시정권의 파병 요구를 받아들이되 파병 규모를 비 전투병으로 최소화하고, 전후재건 사업을 지원하는 쪽으로 대응했다. 청와대와 내각의 외교-국방-안보 라인에서는 1만 명 이상 사단급 전투병을 보내 독립구역을 맡아야 한다는 주장이 제기되긴 했으나 거부되었다. 노무현 행정부는 "미국의 협력은 북핵 위기 사태 해결의 열쇠다. 파병동의안을 승인해 달라"고 국회에 요구했다.

1차로 600명 이내의 건설 공병과 100명 이내의 진료단으로 구성된 자이툰 부대를 파병하겠다는 노무현 행정부의 결정은 노무현을 지지해왔던 진보, 개혁적 시민들의 즉각적 반발을 불러왔다. 시민단체들은 일제히 "미국의 패권주의 전략 관철을 위해 한국 청년을 희생시키려 한다"며 규탄했고 일각에서는 '노무현 퇴진'까지 거론하는 상황이었다. 국제 안보의 전문가들도 의문을 표시했다. 설령 미국 강경 보수 네오콘의 대북 압박이 상존한다고 하더라도 미국이 중동과 북한에서 두 개의 전쟁을 수행할 가능성이 있느냐는 문제에 대해 '그렇지 않다'는 답이 우세했다.

민주노동당은 명분 없는 석유전쟁에 대한민국의 젊은이들을 내모는 참전에 단호히 반대하며 "헌법의 침략전쟁 반대 조항을 삭제해야 하나?"라고 물었다. 자이툰 부대의 출병 환송식날 민주노동당의 박용진 대변인은 "군악대 몇 몇의 환송만 받은 채 도망치듯 떠나는 젊은이 뒷모습을 지켜봐야 하는 국민은 착잡하다"는 논평을 내고 파병 중단을 촉구했다. 이렇듯 이라크 파병은 진보진영이 참여정부에 등을 돌린 첫 계기였다.

민주노동당의 두 기둥

-민주노총, 전농의 배타적 지지 방침에 따라 전국정당의 기초를 마련하다

민주노동당은 민주노총의 '배타적 지지 방침'에 따라 60만 노동자를 거느린 노동조직의 인적 물적 지원을 집중적으로 받으며 성장했다. 배타적 지지란 민주노총의 공식 의결 기구에서 지지하기로 한 정당에 대해서 나머지 정당을 배타하고 지지한다는 뜻에서 노동조합의 정치적 선택을 총연맹 최고 의결기구에서 최종적으로 정리한다는 것으로 강력한 구속력을 가지는 것이었다. 민주노총은 산하 조직에 연말정산 시 세액공제가 가능한 정치후원금을 조직적으로 모금할 것을 의결하고 각급 공직 선거에서 민주노동당의 재정을 충당했다. 이러한 민주노총의 배타적인 지지방침에 따라 민주노동당은 '지지단체' 몫으로 당의 의결기구에 민주노총 지분을 배정했다.

민주노총에 이어 2003년 11월 3일 전국농민회총연맹(이하 전농)도 민주노동당에 대한 배타적 지지방침을 결정했다. 이로써 수도권을 비롯한 도시지역과 공단 등 노동자 밀집지역에 편중돼 있는 민주노동당은 명실상부한 전국정당화의 토대를 마련하게 되었다. 2004년 총선을 앞두고 있는 민주노동당에게 농촌지역에 강력한 대중적 지반을 갖추고 있는 전농의 참가는 백만 원군이었다.

민주노동당은 이렇게 87년 6월항쟁과 7~9월 노동자대투쟁을 통해 건설된 강력한 대중조직의 진지 위에 서 있는 정당이었다. 의원 한 명 없는 정당임에도 전국 구석구석에 지구당 조직을 갖추고 다수의 활동가를 보유할 수 있었던 것은 바로 이런 대중조직과의 밀접한 관련 때문에 가능한 것이었다.

그러나 민주노총의 배타적 지지방침에도 불구하고 민주노총 조합원의 당원 가입 비율은 조합원의 5%를 벗어나지 못했다. 조합원에 대한 정치교육과 정치 선전, 그리고 대중적 모금과 같은 다양한 정치활동이 진행되긴 했으나 조합원들이 정치의 주체로 나서는 경험은 여전히 부족했다. 그리고 배타적 지지방침에 따른 민주노총과의 밀착관계는 대기업과 정규직 중심의 민주노총을 감싸고 도는 정당이라는 이미지를 덧씌우는 부정적 효과도 있었다. 뿐만 아니라 배타적 지지를 선언한 대중단체 내부의 정파 구도가 당 내부에 투영되어 당에 과도한 정파 패권을 관철시키려는 요구로 드러나기도 했다. 이러한 부정적 에너지들이 응축되면서 당은 숙의 민주주의에 의한 당론 결정이라기보다 패권 정파에 의한 일방통행식 의사결정의 늪에 빠지게 되었다. 소수파 의견은 배제되고, 당은 경직되었다.

"부자에게 세금을!"

-민주노동당 '부유세' 캠페인, 종합부동산세 신설로 결실을 맺다

민주노동당은 시민사회와의 밀접 접촉을 통해 희망의 바이러스를 감염시키는 슈퍼 전파자의 역할을 해왔다. 2002년 대선에서 권영길 후보가 제기했던 민주노동당의 대표 브랜드인 '부유세'도 한국뇌성마비장애인연합(한뇌연)이 2003년 3월 민주노동당에 부유세 도입 서명운동을 공동으로 추진할 것을 제안해 옴에 따라 본격적인 궤도에 올랐다.

2003년 6월 26일 민주노동당은 한뇌연과 함께 부유세 도입을 통한 장애인 연금법 제정 2백만 서명운동 발대식을 개최했다. 한뇌연 사무국장 최영신은 "장애인 연급 도입을 위한 재정

확충 방안을 찾던 중 민주노동당이 지난 대선에서 공약으로 내세운 부유세를 검토하게 됐다"며 "장애인 연금 도입이 소수 약자를 위해 일하는 민주노동당의 뜻에도 부합된다고 판단해 서명운동에 결합하기로 했다"고 밝혔다. 민주노동당은 전 지구당 조직을 가동해 2004년 총선 전까지 1백만 명 서명과 함께 국회의원 출마자들에게도 동의를 받으며 부유세와 장애인 연금법 제정 문제를 부각시켰다.

민주노동당은 현재 조세체계로는 소득격차의 확대로 인한 양극화를 잡을 수 없다고 역설했다. 부유세는 부동산과 같은 보유자산에 부과하는 세금으로 재산세 중심의 조세체계를 보완할 수 있는 것이었다. 부유세는 이미 유럽의 OECD 국가들은 지난 70년간 시행해온 역사가 있고 아시아에서는 인도와 스리랑카, 파키스탄에서 시행 중이었고, 남미 콜롬비아와 우루과이에서도 시행하고 있었다. 부유세에 대한 동료시민들의 반응은 뜨거웠다. 시민들이 체감하는 것은 경제위기 이후 빈부격차가 더 벌어졌고 개인 소득세와 재산세가 소득재분배 기능을 못하고 있다는 것이었다. 게다가 경제력이 비슷한 수준의 다른 나라에 비해 대한민국의 불평등 정도도 훨씬 심각하다는 것이었다.

민주노동당의 부유세 캠페인은 노무현 정부에 의해 그해 9월 종합부동산세 신설이라는 결실을 맺게 되었다.

정치개혁의 함정

-민주노동당, '오세훈법'으로 지구당 폐지라는 유탄을 맞다

2003년 12월 26일 한나라당 대선후보였던 이회창 전 총재의 측근 서정우 변호사가 삼성, LG, 현대차 등 대기업들로부터 수백억의 불법 정치자금을 모집했다는 혐의로 구속되었다. 이른바 '차떼기' 사건이었다. 사람들은 불법 자금의 규모도 규모지만 대기업과 한나라당 간에 불법 자금을 전달하는 방식에 혀를 내둘렀다. 이전에는 007 가방이나 쇼핑백에 만 원권을 넣어 전달하는 방식이었다. 그런데 '대쪽' 이회창 후보의 모금은 달랐다. 거액의 돈을 실은 차를 통째로 넘기는 방식, 고속도로 만남의 광장에서 150억을 탑재한 현금 수송차량 키를 전달하는 이른바 '턴 키' 방식의 범죄행각은 마치 느와르 영화의 한 장면처럼 그려졌다.

수사를 지휘한 안대희 대검 중수부장은 한나라당 이회창 후보 쪽은 823억 원, 새천년민주당 노무현 후보 쪽은 120억 원의 불법 정치자금을 모금했다고 밝혔고 정치인 30여 명, 기업인 20여 명을 기소했다.

이런 천문학적인 불법 정치자금이 동원되는 고비용 정치를 개혁해야 한다는 여론이 일어나며 정치개혁 논의도 급물살을 탔다. 4당 합의에 따라 2003년 11월 13일 박세일 씨를 위원장으로 하는 범국민정치개혁협의회(이하 정개협)가 출범했고 국회 정치개혁특위도 이런 여론의 눈치를 보지 않을 수 없었다. 그렇게 해서 만들어진 것이 이른바 '오세훈법'이라고 하는 정치자금법, 정당법, 선거법의 개정판이다. 총선 불출마를 선언한 한나라당 오세훈 의원은 '클린 정치'를 표방하며 정치관계법 개정을 집도했다.

그러나 오세훈이라는 집도의는 민주주의 정당정치에 대한 철학 자체가 부재한 돌팔이였다. 국회 정개특위는 "돈은 묶고 입은 풀라"는 좋은 취지에도 불구하고 오히려 '정치 불신'을 부추겨 정치 자체를 '다운사이징'했다. 돈도 묶고 입도 묶은 것이다. 그 대표적인 예가 '돈 먹는 하마'로 낙인찍힌 지구당의 전면 폐지였다. 민주노동당과 같이 진성당원제로 운영하고 풀뿌리 주민운동과 깊이 결합하는 방식의 정당에게 지구당 폐지는 대중정당의 길을 가로막는 걸림돌이었다. 소액 정치후원금 10만 원까지 세액공제가 되게 한다거나 46석의 비례대표를 56석으로 늘리는 등 부분적인 개선에도 불구하고, 정당이 대중과 일상적으로 접촉하는 공간을 없애버리고 선거시기에도 합동유세를 폐지해 정치를 대중으로부터 차단했다.

민주노동당은 정개협이 제안한 비례대표의 과감한 확대(100석)와 같이 민의가 제대로 반영되게 만드는 정치개혁에서는 소극적이면서 정치를 원내 정치로만, 명사 정치로만 한정하려는 '오세훈식 돌팔이 시술'에 강력하게 반대했다. 그러나 차떼기로 인한 정치권 전반의 불신 여론은 정치의 축소에 손을 들어 주었다. 원래 지구당은 현대 민주정에서 명사들의 귀족적인 원내정당에 대항하여 노동계급 대중정치 프로젝트로 기획된 것이었다. 지구당을 빼앗겨버린 진보정당은 지금까지 대중적 기반 확대에 어려움을 겪고 있다. 제도효과란 이렇게 심각한 것이다.

"불판을 바꾸자"

-퇴물 김종필을 꺾고 떠오른 노회찬

2004년 4월 총선은 탄핵 반대 열풍의 한가운데서 치러졌다. 3월 30일이 1차 탄핵심판 변론, 4월 2일 2차 변론, 4월 9일 3차 변론이 이어지는 가운데 성난 시민들의 촛불의 집회가 연일 이어졌다. 탄핵 5인방 박관용 국회의장과 최병렬 한나라당 대표, 홍사덕 한나라당 총무, 조순형 민주당 대표와 유용태 총무는 사면초가에 몰렸다.

민주노동당은 탄핵 열풍 속에서 자신의 위치를 지키며 선거에 임했다. 최초로 치러지는 1인 2표에 의한 총선에서 정당 지지율을 끌어올리는 것이 지상 과제였다. 민주노동당은 방송토론을 십분 활용했고 비례후보 8번 노회찬 사무총장이 방송토

50년동안 삼겹살을
같은 불판 위에서 구워먹으면
고기가 새카맣게 탑니다
이제 바꿀 때가 됐습니다
심야
토론
보수정치 50년

론의 스타로 떠올랐다. 3월 20일 KBS 심야토론에서 노회찬은 "50년 동안의 썩은 정치판을 이제 바꿔야 합니다. 50년 동안 삼겹살을 같은 불판 위에서 구워 먹으면 고기가 새까맣게 타 버립니다. 이제 바꿀 때가 됐습니다."라며 정권교체를 넘어 보수세력 자체를 진보개혁 세력으로 교체해야 한다는 세력교체론을 내세워 공격적으로 토론에 임했다. 노회찬 특유의 유머 코드는 네티즌의 폭발적인 인기를 얻었다. 노회찬의 말만 따로 모은 '노회찬 어록'이 다양한 버전으로 편집되어 인구에 회자되었다. 삼겹살집에서 "아줌마 불판 바꿔주세요"라고 말할 때 사람들은 노회찬의 이 말을 연상했다.

노회찬의 속풀이 어록은 이어졌다. 한나라당 김영선 의원과 민주당 김경재 의원이 대통령이 사과하지 않았기 때문에 탄핵했다고 주장하면서 방송이 편파적이라고 비난하고 나섰다. 즉 3월 12일에 국회 몸싸움 장면을 14시간이나 방송에서 의도적으로 계속 보여주는 바람에 국민들은 혼돈에 빠졌고 분노를 일으켰다는 것이다. 이에 대해 노회찬은 "사과할 일을 가지고 탄핵을 하다니, 그렇게 하찮은 일을 가지고 탄핵을 하다니, 제정신입니까?"라고 질타했고 "193명 의원들이 탄핵을 다 잘한 일이라고 주장하셨잖습니까? 그렇다면 그 화면을 TV에서 자주 보여주면 오히려 한나라당, 민주당에 유리한 것 아닙니까?"라고 맞받았으며 "한나라당과 민주당은 누가 죽인 게 아니고 알아서 자살한 겁니다"라고 받아쳤다.

열린우리당에 대해서도 “열린우리당은 길 걷다가 지갑 주운 것이나 마찬가지입니다. 지갑을 주웠으면 경찰에 신고해야죠.” 라며 탄핵의 반사이익을 얻으며 실력 이상으로 지지율이 치솟고 있음을 짚어내면서 민주노동당에 대한 지지를 호소했다. 노회찬이 출연하는 방송토론 시청율이 역대 최고를 경신했다. 토론을 본 시청자들은 “시원하고 통쾌하다”는 반응을 보이며 ‘불판을 바꾸자’는 민주노동당의 호소에 반응했다.

“이 자리에 오기까지 50년이 걸렸다”

–민주노동당, 2004년 17대 총선에서 10석 획득

2004년 4월 15일 치러진 17대 총선에서 민주노동당은 비례후보 8명, 지역구 2명, 당 지지율 13.03%를 얻으며 2000년 창당 이래 최초로 원내 진출을 이루었다.

지난 2000년 16대 총선에서 창원을과 울산 북구에서 고배를 마셨던 민주노동당은 창원을에서 권영길, 울산 북구에서 조승수를 당당히 당선시킴으로써 설욕했으며, 정당 지지율에 따른 비례후보 당락은 개표 막판까지 가슴을 졸이게 하며 한판의 드라마를 만들어내기도 했다. 민주노동당은 전국 예상득표율이 15%까지 올라가는 이변을 연출하며 순항하기도 했지만, 정작 출구조사에서는 10% 내외로 나와 비례 7번까지 당선되고 8번 후보는 어려울 것으로 예상되었다. 그러나 자정을 넘긴 개표 결과 민주노동당은 10선에 도전하는 자민련의 비례 1번 김종필 후보를 역사에서 퇴장시키고 노회찬 후보를 당선시켰다. 한국 정치사에서 잊을 수 없는 명장면이었다.

17대 총선에서 민주노동당의 약진에 대한 평가는 약간씩 달랐다. 다수 의견은 "밀물이 들면 배가 같이 뜬다"는 논리로 진보-개혁진영 전체의 지지율이 높아질 때 민주노동당과 같은 진보정당의 지지율도 덩달아 높아진다는 것이었다. 이와 같은 자유주의정당과 진보정당 지지율의 등락이 동조화되는 현상은 그 이후에도 반복적으로 나타남으로써 이 논리는 더욱 강화되었다.

그러나 민주노동당은 "한나라당과 열린우리당 사이에는 샛강이 흐르지만 열린우리당과 민주노동당 사이에는 한강이 흐른다"며 자유주의정당과의 차별화와 독자적 정체성을 강조하며 지지자들을 모아왔다. 17대 총선에서 정당 지지율 13.03%도 사실은 예상 득표율보다 낮게 나온 것으로 자신의 지지자들을 열린우리당에 빼앗겼다고도 볼 수 있었다. 그러나 수구보수정당을 꺾는 일이 선결과제이므로 자유주의 정당과 분리 정립하는 것은 후순위라는 것이다.

이 문제는 독자적인 진보진영이 풀어야 할 오랜 숙제였다. 87년 대선에서는 독자후보와 김대중에 대한 비판적 지지로 갈

렸고, 1997년 국민승리21 이후부터 민주노동당에 이르기까지 진보개혁진영은 중대한 정치적 시기 때마다 논쟁을 거듭해왔다. 제도적으로는 독자적 진보정당의 성장을 가로막는 선거제도의 한계 때문이기도 하겠지만 그 제도가 강제하는 룰 안에서 싸워야 하는 진보정당으로서는 온건보수정당의 들러리나 서고 있을 수는 없는 것이었다.

노무현 대통령 당선 이후 조돈문 교수는 대통령의 진보적 약속이 4개월을 견디지 못하고 파기되었다고 비판했다. 조교수는 "노동조건 개악을 담은 근로시간 단축법이 통과되자 노동계는 투쟁을 선언했고 재벌들은 갈채를 보냈다. 사용자 대항권을 세운 로드맵이 발표되자 양대 노총은 열린우리당 정권을 규탄했으나 재벌들은 환호했다. 재벌들은 열린우리당 정권의 친 노동 성향에 대한 우려를 말끔히 씻었다. 노동자들이 기대한 '희망'의 정치는 짧은 시행착오와 함께 마감됐다."고 말했다. 민주노동당 김종철 선대위 대변인도 "현 정부는 세계가 규탄하는 이라크 침략전쟁에 미국의 하위 파트너를 자처했다. 북미 갈등에도 미국 눈치만 보며 한반도 평화를 외면했다. 농민의 희생을 담보로 한·칠레 FTA를 강행하고 정규직-비정규직 싸움을 부추기며 대통령 자신은 뒤로 숨는 모습을 보였다."고 신랄하게 비판했다.

민주노동당은 탄핵열풍 속에서 열린우리당에 대한 쏠림현상에도 불구하고 진보정당이라는 제3의 선택지가 있음을 보여주었고, 새로운 대안적 정당에 대한 지지층을 형성해왔다. 특히 노동자 밀집지역에서는 더욱 강한 자장을 만들어냈다. 울산은 21.9%를 얻어 전국 16개 광역시도 기준으로 유일하게 20%대를 넘겼고, 조승수를 당선시킨 울산북구는 35.4%로 전국 최고치를 기록했다.

울산 북구와 마찬가지로 노동자 밀집지역이거나 노조 활동이 활발한 곳들은 예외 없이 정당득표율이 높았다. 노동자 '계급투표' 바람이 민주노동당 원내 10석 진출에 지대한 역할을 했던 셈이다.

민주노동당은 이렇듯 독자적 지지기반을 다져나가면서 새로운 수권 대안정당으로 나아가겠다는 포부를 다졌다. 물론 모든 연대를 거부한다는 의미는 아니었으며 자신의 독자적 지지기반을 다지고 정치적 지지자를 획득하기 위한 노력은 당연한 것이었다.

의사당의 낯선 손님

-민주노동당식 포퓰리즘 정치, 의원특권 폐지운동

"민주노동당의 원내 진입은 월급쟁이, 노동자, 농민, 서민이 국회에 들어가는 것입니다."

민주노동당 권영길 대표가 당선 직후 토한 일성이었다.

2004년 4월 22일 여의도 의사당은 낯선 손님들을 맞았다. 당선자 등록을 하러 온 심상정 당선자는 의원 금배지와 공직자 재산등록 서류들이 들어 있는 검은색 007 의원 서류가방을 보고는 "남성 중심적인 국회"라는 걸 잘 보여주는 것 같다고 첫 느낌을 말했고, "무거워서 가방을 들 수 있겠느냐"는 심 당선자의 질문에 '보좌관이 들면 된다'는 사무처 직원의 대답을 듣고는 "우리 보좌관은 가방 들어주는 사람이 아니다"며 동료시민으로서의 소박한 견해를 가감 없이 드러냈다.

점퍼 차림의 단병호 당선자는 "정문에서 의경들이 '어떻게 왔느냐'고 물어 '등록하러 왔다'니까 도저히 인정할 수 없다는 눈치더라"면서 "본청 안에 들어가서도 똑같은 눈치였다"며 낯선 손님에 대한 국회의 반응을 전했다. 심 당선자는 "사무처에 들어갔더니 직원들이 모두 기립하더라"면서 "국회의원들이 들어오면 다 일어나야 하는 것은 잘못된 것"이라며 낯설게 느껴지는 국회의원의 특권부터 먼저 해결해야 한다는 인식을 심어주었다.

의원 전용 출입문이나 전용 승강기와 같은 사소한 특권에서부터 불체포특권과 면책특권까지 동료시민들의 눈으로 볼 때 의원 특권은 곱게 보이지 않았다. 특히 불체포특권과 면책특권은 '방탄국회'와 '막가파식 폭로정치'에 악용되었기 때문에 제한되어야 한다는 여론이 들끓고 있었다. 당시 불법 대선자금

아저씨가
국회의원이라구요?
점퍼 입었다고
국회의원 아닌 것
같아?

수수로 구속된 서청원 한나라당 의원이 석방된 것은 비리에 연루돼 구속되더라도 현행범이 아닌 한 국회에서 석방동의안이 통과되면 회기 중에는 바로 석방해야 한다는 불체포 특권의 악용사례였다.

민주노동당은 5월 20일 '국회특권폐지운동본부'를 설치해 본격적으로 의원특권 폐지운동에 나서기로 했다. 노회찬 사무총장은 "의원 편의 제공이나 불체포, 면책 특권 등과 함께 다수 정당이 갖는 특권도 폐지하거나 현격히 줄이자는 것"이라고 했다. 또 민주노동당은 의원에 대한 '국민소환제' 도입도 더불어 추진키로 했다. 그러나 면책특권과 불체포특권은 국회의 권력 견제 기능을 감안한 의원 보호장치라는 측면에서 신중해야 한다는 의견이 엇갈리는 문제였다. 어찌 보면 진보정당의 사상 첫 등원으로 기성 보수정당과 차별화하고 서민들의 가려운 곳을 시원하게 긁어주어야 한다는 다급한 사명감에서 추진된 다분히 포퓰리즘적 행보였다고 할 수 있다.

민주노동당 의원들의 제살깎기식 특권 내려놓기 경쟁의 진정한 목표는 교섭단체 특권에 관한 문제였다. 원내 교섭단체가 된다는 것은 의사일정 조율뿐만 아니라 의제에 관한 협의와 조율 등을 통해 국정 운영의 주체적인 파트너가 된다는 의미였다. 원내교섭단체는 국회운영의 실질적인 핵심으로 윤리심사(징계) 요구, 의사일정변경 동의, 국무위원출석 요구, 의안수정동의, 긴급현안 질문, 본회의 및 위원회에서의 발언시간 및 발언자 수, 상임위 및 특별위 의원선임 등에 있어서도 권한을 갖는다. 노동자 서민의 목소리를 원내에 투영시켜 민주노동당의 정책적 차별성을 분명히 하겠다는 목표를 세우고 있는 민주노동당 입장에서 보면, 원내교섭단체가 돼야 하는 것은 등원 다음으로 또 한 번 넘어서야 할 고비였다.

그러나 교섭단체 구성요건은 원내 20석을 가진 정당에 한정되어 있어 민주노동당은 국정운영의 주체적 파트너에서 배제된 것이었다. 이에 민주노동당은 "민주노동당이 총선에서 10% 이상의 정당득표율을 얻은 것을 무시하면서 전체 의석수의 10%도 안 되는 20석만을 교섭단체의 기준으로 삼는 것은 모순"이라며 "교섭단체 제도를 채택한 24개국 가운데 이런 기준을 가지고 있는 나라는 없다"고 지적했다. 그러나 민주노동당의 원내 입성조차 거북해하는 기성 정당의 입장에서는 민주노동당에 그런 마이크를 내줄 리 만무했다. 민주노동당으로서도 교섭단체 특권 내려놓기라는 의제를 주구장창 물고 늘어질 수도 없었다.

어쨌든 민주노동당 초보 의원의 원내 입성은 기성의 제도와 관행을 크게 흔들어놓으면서 열린우리당과 한나라당의 특권 내려놓기 경쟁을 불 지폈다.

당직과 공직은 겸할 수 없다?

-당을 대표하는 리더를 배제하다

민주노동당은 정당문화를 혁신하는 리더였다. 우선 진성당원제가 주목을 받았다. 당시 한나라당이나 새천년민주당 등 기성 정당들은 당비를 내지 않는 페이퍼당원 수백만 명을 보유하고 있었다. 자기가 당원인지조차 모르는 사람들이 수두룩했고 심지어 여당과 야당에 동시에 가입된 경우도 있었다. 그러나 민주노동당은 철저히 당비를 내는 자에 한해 당원의 자격을 부여했고, 이런 진성당원이 2004년 17대 총선을 치를 당시 5만 명에 이르렀다. 민주노동당의 이 같은 당원시스템은 정당운영의 모범으로 인정받았다. 개혁국민정당도 그 뒤를 이었고, 나중에는 열린우리당도 진성당원제를 모방하려 했다.

진성당원제 말고도 민주노동당만의 독특한 제도 중 하나는 '당직과 공직의 겸직을 금지'하는 제도였다. '민주노동당이라면 권영길'을 떠올리는데 국회의원이라는 공직을 맡는 순간 당대표든 지구당 위원장이든 아무런 당직을 맡아서는 안 된다는 규정이었다. 이 제도는 당의 지도부가 원내 의원을 겸직하면 필연적으로 '원내정당화'의 길을 걷게 될 것이라는 우려를 반영한 것이었다.

신나게 밟은 것까진 좋았는데 어째 허공에 뜬 기분이야
당직공직겸직금지

그러나 민주노동당의 대표적인 리더십들이 대거 의회로 진출한 상황에서 이들이 당을 대표할 수 없게 만든 겸직 금지제도는 애초의 취지와 달리 오히려 당과 원내 활동을 단절시키는 결과를 초래했을 뿐만 아니라 권영길 대표를 비롯해 노회찬 사무총장 등 당의 국민적 대표선수들의 공백을 '듣도 보도 못한' 정파의 리더들로 대체하는 부정적 후과를 낳았다. 당의 설계자들이 선의로 만든 이 제도는 원내 입성 후 권영길, 노회찬 등이 당을 대표할 수 없다는 현실적 문제가 불거지면서 곧바로 당내 논란을 불러왔다. 민주노동당은 2004년 5월 6일 7차 중앙위원회를 열고 당직과 공직의 겸직을 금지하는 당규를 일부 완화하자는 내용의 수정안을 검토했다. 중앙위에 앞서 실시한 당원 설문조사에서는 57.5%가 "겸직을 허용해야 한다"고 응답했다. 그러나 당 중앙위는 당규 수정안을 부결시켰다.

민주노동당은 국민들의 숱한 기대 속에서 원내 입성하고도 당직과 공직을 분리함으로써 원내 활동의 성과를 당의 성장으로 흡수할 수 있는 계기를 스스로 박차버렸다. 그리고는 곧바로 당직 선거를 이른바 NL과 PD 간의 대결이라는, 국민들이 보기에 낯선 정파투쟁의 장으로 만들어버렸다. 작은 성과에 취해 그것을 서로 빼앗으려는 집안싸움과 같은 모습으로 비치면서 국민들의 기대는 급속히 식어버렸다. 한때 20%대를 육박하던 정당의 지지율도 곤두박질쳤고, 북새통을 이루던 기자들도 썰물 빠지듯 빠져나갔다. 최고위원회의 다수파를 차지한 소위

'자주파'는 반미자주노선을 관철시키기 위해 부유세와 무상교육, 무상의료와 같은 민생노선으로부터 동떨어진 정치적 결정을 독점하고 소수파들을 체계적으로 배제시켜나갔다.

3년 후 당직과 공직의 겸직을 금지하는 당규는 폐기되었다. 하지만 원내 입성과 동시에 당을 국민적으로 대표해왔던 리더십을 원천적으로 배제하는 당규는 그 아름다운 취지와 달리 이미 당을 자해한 무서운 독이 되어버렸다.

국가보안법 폐지 '올인'

-'열린우리당 2중대론' 본격 대두

2004년 17대 총선에서 원내 과반인 152석을 석권한 열린우리당 의장 정동영은 국가보안법 폐지를 골자로 사립학교법, 신문법, 과거사법 등 4대 개혁입법을 당론으로 채택했다. 국가인권위원회도 그해 8월 27일 국가보안법의 전면 폐지를 권고했다. 그러나 이틀 후 헌법재판소는 국가보안법의 대표적인 독소조항인 제7조의 고무 찬양, 이적표현물 소지 및 반포 등과 같은 헌법적 기본권을 침해할 우려가 있는 조항조차 합헌이라고 판시하면서 한나라당과 보수세력의 손을 들어줬다. 국가보안법의 존폐는 2004년 하반기 정치권의 주요 전장이 되었다.

2004년 겨울 국회의사당 앞은 56년간의 국가보안법 체제를 반드시 끝장내자는 열기로 달아올랐다. 열린우리당이 주도하는 4대 개혁 입법 중 국가보안법 폐지의 건이 성과를 낼 수 있도록 의사당 바깥에서는 대규모 농성단이 집단 삭발까지 감행하면서 응원하고 감시하고 있었다. 원내 과반수에 민주노동당이 10석을 갖고 있으므로 열린우리당이 당론만 통일시킨다면 얼마든지 통과시킬 수 있는 것이었다. 노무현 대통령은 "독재시대의 유물인 국가보안법이라는 칼을 칼집에 넣어 박물관에 보관해야 한다"고 천명하며 열린우리당 내 폐지론자들에게 힘을 실어주었다.

그러나 열린우리당 내부 사정은 그리 녹록지 않았다. 정동영 당의장이 통일부장관으로 입각한 이후 당의장을 맡은 이부영 의장을 비롯한 김원기 국회의장과 임채정, 문희상, 유인태, 정세균 의원 등 중진의원들은 열린우리당 내 50~60명의 의원들이 국가보안법 폐지에 반대하고 있다는 사정을 감안해 한나라당과의 타협을 시도해야 한다는 입장이었다. 당시 한나라당과 보수세력은 '국가보안법 수호'에 명운을 걸고 있는 상황이었다. 국회 표결로 가더라도 열린우리당의 이탈표를 단속하지 못하면 국가보안법 폐지가 통과될 거라고 기대하긴 어려웠다. 이 의장은 국가보안법의 전면 폐지가 쉽지 않다고 보고 국회 안에서 농성을 하던 유시민, 임종인, 이광철, 정청래 등 10여 명의

역사의 박물관
국가보안법

강경폐지론자들을 설득해 '민주주의를 탄압하는 독소조항 일부 개정'으로 방향을 전환하려고 했다. 그러나 유시민 의원 등은 전면 폐지 입장을 굽히지 않았고 의총에서 이부영 당의장을 "배신자"라고 지목하는 등 난장판이 되었다. 천정배 원내대표는 사퇴의사를 밝히고 자리를 떴다. 이부영 의장은 이 상황을 회고하며 "열린우리당은 정국주도권을 잃었고, 남북 화해 협력의 동력도 상실하는 계기였다"고 썼다.

그 후 국가보안법은 철갑을 두르고 의연히 유지되었다. 찬양, 고무, 동조, 통신, 회합 등을 불법시하는 국가보안법 7조만 개정하더라도 국가보안법 사범의 90%는 사라질 것이라는 게 '민가협'의 조사 결과다. 7조 개정이 사실상 국가보안법을 사문화시킬 수 있는 길이었는데 전면폐지에 '올인(all in)'하는 강경 입장을 조율하지 못하면서 국가보안법 체제는 의연히 유지되고 있는 것이다.

민주노동당은 열린우리당과 한나라당 간의 대치국면에서 별다른 존재감을 드러내지 못했다. 국가보안법의 폐지가 당론인 민주노동당으로서는 열린우리당이 전면폐지론자들과의 연대와 엄동의 추위 속에서 농성하는 300인의 농성 대열에 사무총장을 비롯한 최고위원들이 삭발농성으로 참가해 시민단체들과 마찬가지로 싸우고 있었다. 국가보안법을 실질적으로 사문화시키는 절충안을 고민한다는 것이 불가능한 상황으로 스스로를 규정하고 있었던 것이다.

그러나 국가보안법 존폐 문제를 둘러싼 '정쟁'이 장기화되면서 국민들도 피로감을 드러냈다. 민생문제를 외면하고 정쟁만 일삼는다는 비판이 점점 고조되어갔다. 김윤철 민주노동당 상임정책위원은 "열린우리당과 한나라당의 양당구도로 진행되는 현 국가보안법 논쟁에서, 민주노동당을 배제하는 데는 양당의 이해가 일치하고 있는 듯하다"고 진단했다. 뿐만 아니라 민주노동당의 존재감이 전혀 드러나지 못하고 있을 뿐만 아니라 열린우리당의 국가보안법 폐지 당론에 수동적으로 따라가는 '2중대' 소리마저 듣는 상황이었다. 민주노동당이 정기국회를 대비해 열심히 준비해 온 민생 관련 법안들도 빛을 못 보고 있었다. 김 위원은 "국가보안법 및 과거사 관련법이 매우 중요한 건 분명하지만, 사회경제 사안에서 차별성이 없는 거대 보수정당들이 주도하는 현 국회는 정치경쟁이 주가 될 수밖에 없고, 결국 민노당이 사회경제 이슈를 제기하는 것 자체가 가로막히는 상황"이라고 토로했다.

장상환 민주노동당 정책위원장은 "열린우리당이 주력하고 있는 문제들에 비해서 민생 문제가 훨씬 중요하다. 물론 국가보안법은 물론 폐지되어야 한다. 그러나 과거와 달리 이제는 일반 민중들이 국가보안법으로 인해서 표현의 제약을 느끼거나 두려움을 느껴서 사는 데 큰 지장이 있는 것은 아니다. 실질적으로 무력화된 상태라고 보아도 좋다. 여기에 지나치게 무게를 싣는 것은 옳지 않다. 이렇듯 과거에 중심을 두었던 이슈들은 시간이 지나면 변화하기 마련이다. 과거의 틀을 고집하면서 이슈를 선정하고 정치행동의 방향을 잡아서는 안 된다."며 당의 전략적 행동 수정을 요청했다. 그러나 '타협은 보통의 승리'라는 정치적 문법에 아직 익숙하지 않은 '사회운동 정당' 민주노동당으로서는 이런 조언을 진지하게 검토하지 못했다.

주권을 건 도박

–한미FTA 협상 개시

2020년 1월 금융정의연대(대표 김득의)는 론스타가 한국정부를 상대로 제기한 5조 원대의 투자자 국가소송(ISDS)에 대해 대한민국정부가 "지기로 약속한 약속대련"을 하고 있다며 비판했다. 론스타가 애초에 외환은행 인수 자격이 없는 '비금융주력자'인 산업자본이었다는 사실을 제시하면 론스타의 배상 요구 자체를 무효화할 수 있는데도 정부가 이것을 중재판정부에 제출하지 않고 있기 때문이다.

2003년 론스타는 대한민국의 은행법을 가볍게 비웃으며 산업자본임에도 외환은행 인수 자격을 거머쥐었고 2008년 하나금융그룹에 팔아 5년 만에 4조 6천억 원을 뽑아 먹튀논란을 빚은 바 있다. 외환은행 인수 당시에 BIS비율을 조작해 헐값에 인수했다는 의혹이 제기되었으며 이것은 영화 〈블랙머니〉에서도 묘사된 바 있다. 론스타는 이렇게 엄청난 차익을 벌어들이고도 한국정부가 외환은행 매각을 방해했다며 대한민국 정부에 5조 원이라는 천문학적 손해배상 소송을 제기할 수 있었던 것은 한미FTA의 대표적인 독소조항인 투자자 국가소송제(ISDS) 때문이었다.

2007년 초 '한미FTA 체결 지원위원회'가 만든 TV광고를 보면 대륙을 경영하던 우리 민족에 대한 벅찬 자부심으로 가득 차 있다. 지축을 흔드는 말발굽 소리와 웅혼한 배경음악이 깔리면서 광고가 시작된다. "개척자 광개토대왕처럼, 해상왕 장보고처럼(물살을 가르는 배와 효과음이 보태진다) 우리 민족에겐 뜨거운 도전의 피가 흐르고 있습니다. 세계 최대 시장을 향한 우리의 끝없는 도전(기마부대가 미국 지도 위를 거침없이 내달린다) 한미자유무역협정은 우리가 경제 강국으로 도약할 새로운 기회입니다.(개척자 광개토대왕이 탄 말이 앞다리를 치켜들며 포효하는 장면이 느린 화면으로 처리된다. 마무리는 태극기가 휘날리며) 대한민국의 자부심으로 세계와 경쟁합니다."

노무현 행정부는 제조업에서는 중국에 추격을 당하고 있고 서비스업에서는 미국 등 선진국에 열세인 '넛 크래커' 상황으로 진단했다. 이에 금융서비스를 비롯한 생산자 서비스 분야의 강자인 미국과 FTA를 체결해 동북아 금융허브의 위치를 선점하자는 유혹에 빠져들어 갔다. 노무현 행정부에 참여한 인사들

여기 조공이오
기특한지고
저건 자네 백성에게
먹이게. 껄껄...
광개토 대왕님
울고 가겠다.
부기원 같은것
금융시장
방송시장
농산물시장
의약품
GMO
미국쇠고기

은 '넛 크래커'론의 영향을 받아 "앞으로 우리 대한민국은 뭘로 먹고 살아야 하나?"라는 말을 입에 달고 다녔다. 그러나 제조업을 경시하는 금융허브 논리는 실물경제와 유리된 거품에 대한 환상이라는 것이 얼마 후 리먼브러더스 사태로 증명되었다.

애초 한국 정부의 FTA 추진 로드맵에는 미국과의 FTA 체결은 중장기 과제로 규정되어 있었다. 정태인 전 대통령 비서관의 증언에 의하면, 자신이 국민경제자문회의 사무차장으로서 FTA 정책 결정과정에 깊숙이 참여하고 있었던 2005년 5월까지도 한국 정부에게 "미국은 맨 마지막" 체결 대상국으로 여겨졌다고 한다. 그러던 미국이 2006년에 들어서는 갑자기 한국의 최우선 FTA 협상국으로 부상했다. 2006년 1월 19일 노무현 대통령은 대국민 신년연설을 통해 뜬금없이 한미 FTA 체결 필요성을 언급했다. 그로부터 2주 후인 2월 3일 한국의 김현종 통상교섭본부장은 로버트 포트먼(Robert Portman) 미국무역대표부(USTR) 대표와 함께 워싱턴의 미 의회 의사당에서 공동 기자회견을 열어 한미 FTA 협상을 개시한다고 전격 선언했다.

한미FTA가 광개토대왕처럼 이른바 '경제영토'를 확대하는 것인지, 아니면 주권을 팔아넘기는 일인지 논란이 뜨거웠다. 정태인은 한미FTA의 전격 추진 배경에는 집권 3년차를 맞는 노무현 정권이 개혁 성과를 서둘러 내려는 조급증이 있었다고 진단했다. 청와대 내부자의 시선으로 봐도 그것은 위험천만한 문제였다. 준비 안 된 상태에서 자본시장을 개방함으로써 받은 외부 충격으로 인해 국민들에게 크나큰 고통을 안겨준 것이 지난 IMF식 개혁의 경험이었다. 한미FTA는 한편으로는 미국에 서비스 시장을 개방함으로써 금융과 의료를 비롯한 공공서비스 분야에서 미국식 신자유주의를 무분별하게 도입하는 구상이었다. 다른 한편으로는 미국과의 안보동맹에 경제동맹까지 더해져 한미일 남방 3각동맹을 강화하는 구상이기도 했다. 따라서 그것은 북·중·러의 북방 3각동맹을 자극해 냉전으로 회귀할 가능성마저 점쳐지는 위험한 모험이었다.

민주노동당을 비롯한 시민사회의 광범위한 저항은 당연한 것이었다. 민주노동당은 한미FTA가 무역수지 적자, 금융투기화와 종속, 공공부문의 민영화와 질적 저하, 농업 말살, 영화를 비롯한 문화산업 위기, 대미 군사안보 종속의 항구화 등 경제적으로나 군사안보적으로나 실익이 없다고 판단하고 협상 중단을 촉구했다.

노무현 연정

-정치는 선한 의도가 아니라 결과에 책임을 지는 일

탄핵 반대 열풍으로 원내 1당이 된 열린우리당은 민주노동당 노회찬 사무총장의 말대로 '길 가다

지갑을 주운 것'이었는지 실력 이상으로 얻은 의석수를 제대로 활용하지도 못하고 빠르게 까먹어버렸다. 2004년 총선 1년이 지난 2005년 4.30 재보궐선거에서 열린우리당의 성적표는 6:0 완패, 의석수는 146석으로 줄었다. 이로써 열린우리당의 원내 과반의석 시대는 1년 만에 끝났다.

노무현 대통령은 2005년 6월 24일 당-정-청 수뇌부 인사 11인 모임에서 '연립정부' 이야기를 꺼냈다. 법안 처리도 어려워지고, 윤광웅 국방장관에 대한 해임결의안을 막아낼 힘도 없으니 '비상사태'라는 말까지 하면서. 한나라당과의 대연정 제안은 이렇게 시작되었다. 물론 노무현 대통령은 지역주의 정치구도를 끝장내는 정치개혁을 자신의 신념으로 가져온 정치인이고 그를 위한 선거제도 개혁에 큰 관심을 가져왔다. 중대선거구제도나 권역별 비례대표제, 혹은 민주노동당이 주장해온 독일식 정당명부비례대표제 등으로 바뀌어야 하며 기존의 지역구도에 의존하는 승자독식의 선거제도로는 정치개혁이 요원하다는 게 노무현 대통령의 일관된 생각이었다.

노무현의 진심은 개헌보다 어려운 선거법을 바꿀 수 있다면 권력도 내놓을 수 있다는 것. 그러나 원내에서 열린우리당의 단독 과반이 무너진 이후에 나온 '대연정' 제안은 제안 받은 당사자인 한나라당에 의해 "연정 발언은 여소야대에서 절대 밀릴 수 없다는 오기 정치에서 비롯된 것"이라는 비판을 받았고, 결국 "선거법 하나 바꾸기 위해 대통령의 권력까지 내놓겠다는 건 헌법파괴적 생각"이며 "대통령의 말 한마디로 주는 권력은 안 받겠다"는 공식선언(8.1 박근혜 당대표 기자회견)으로 간단히 무시당했다.

결과적으로 노무현 대통령의 대연정 제안은 이라크 파병에 이어 자신의 지지기반을 허물어뜨리는 자해 정치에 가까웠다. 실제로 성사시키기 위해 음으로 양으로 접촉하고 분위기를 조성하는 등 성의를 다하는 것이라기보다 상대의 의중이나 타산을 고려하지 않고 일방적으로 제안함으로써 평지풍파만 불러일으키는 방식이었다. 노무현 정권의 지지자들조차 "민생현안이 산더미인데 대연정 제안이 뭐냐?"며 뜬금없다고 받아들였고, 노무현식 돌출정치에 대한 피로감을 호소하기도 했다.

문희상 열린우리당 의장은 8월 10일 한나라당과의 대연정을 공식 포기하는 대신 민주노동당과 민주당과의 소연정 추진 가능성을 언급했다. '선거제도 개혁'과의 빅딜로 제안된 대연정 제안이 거부된 상황에서 소연정을 추진한다는 건 여소야대라는 원내 환경을 역전시키기 위한 것 이상의 의미를 두기 어려웠다.

소연정에 대해 유시민 의원은 "소연정을 해서 다수파를 확보하면 국회운영은 다소 힘이 될지 모르겠지만 선거제도 개선을 통한 한국 정치발전에는 합당한 대안은 아니다"고 평가했다. 민주노동당 노회찬 의원은 "당내에서는 연정을 한 번 생각하는 것 자체가 정체성에 영향을 준다고 생각하는 사람들이 많

쿡!
대연정

다"며 "아직까지 덜 여문 당이어서 소연정은 자기의 운명을 거는 식으로 깊은 영향을 줄 수밖에 없다"고 신중한 입장을 보였다. 그리고 민주노동당에게 "가령 장관을 준다면 좋아할 것 같지만, 오히려 민주노동당에서는 폭탄이어서 부담된다"며 기회가 주어진다고 하더라도 선뜻 손을 내밀지 못하는 민주노동당의 현실을 가감 없이 드러내 보였다. 대신 "안정적인 과반수 의석 확보와 비슷한 효과를 낼 수 있는 정책 연합이 오히려 쉬운 방법"이라며 한 발을 빼고 있었다. 민주노동당은 원내 입성해 현실 정치에 발을 담근 지 1년밖에 안 된 아직 '덜 여문' 정당이었다.

삼성X파일 떡값 검사 실명을 공개한 노회찬

–"또다시 이런 상황에 처해도 내 행동은 똑같을 것"

2005년 8월 18일 민주노동당 노회찬 의원은 국회 법사위원회에서 삼성으로부터 뇌물(당시 언론은 이것을 '떡값'이라고 불렀다. 그들에게는 '떡값'일지 몰라도 서민들이 보기엔 떡값치고는 그 액수는 터무니없이 컸다. 삼성에게 받은 뇌물을 굳이 떡값이라고 칭한 언론도 삼성으로부터 받는 광고에 의존하고 있었다)을 받은 것으로 알려진 전 · 현직 검찰 고위간부 7명의 명단을 공개했다.

노 의원은 1998년 한나라당 이회창 후보 측이 국세청을 동원해 대선자금을 모금한 이른바 '세풍 사건' 때도 현대와 대우, SK는 모두 돈을 낸 것으로 드러났는데 유독 삼성만 빠진 것은 검찰이 삼성 봐주기 수사를 한 것이었으며, 그것은 삼성X파일에서 보듯 삼성의 상습적인 뇌물 공여에 길들여진 검찰에 의한 공모라고 주장했다. 노 의원이 공개한 명단은 김상희 법무부 차관에서부터 홍석조 광주 고검장까지 검찰 수뇌부가 망라된 명단이었고 X파일에는 이들뿐만 아니라 검찰 '주니어'들에게까지 광범위하게 돈을 살포한 것으로 기록되어 있었다.

노 의원에 의해 명단이 공개된 전 · 현직 고위 검찰 간부들은 골리앗에게 돌을 던진 다윗을 가만두지 않겠다며 안강민 서울지검장을 앞세워 노 의원을 고소했다. 노 의원은 "나를 기소하려면 그렇게 하라. 나의 행동이 공익에 반한다면, 국민이 알 필요도 없는 내용을 공개하고 사리를 추구했다면 스스로 면책특권을 포기할 것이다. 나 스스로 나의 손목에 수갑을 채울 것이다. 옳다면 해야 한다. 다시 또 이런 상황에 처한다 하더라도 나의 행동은 똑같을 수밖에 없다"며 단호한 의지를 밝혔다.

그러나 황교안 서울중앙지검 2차장이 주도한 5개월간의 수사는 삼성과 떡검의 면죄부 주기로 끝이 났다. 뇌물을 주라고 지시한 이건희 회장은 출국정지도 되지 않았고, 소환조사도 받지 않았다. 서면조사에서 이건희가 한 답변은 "개인 돈 일부를 구조본에 맡겼고 알아서 쓰라고 시켰기에 본인은 잘 모른다"는 것이 전부였다. 검찰은 명백한 자료를 고의적으로 외면하고 이회장이 돈을 준 사실이 없다는 말만 인정했다. 그리고 공소시효가 만료되었다는 논리로 아무도 기소하지 않았다.

노회찬 의원이 공개한 7명의 검찰 고위간부들은 어떤 법적 심판도 받지 않았다. 오히려 노 의원을 고소한 안강민 전 대검 중수부장은 한나라당 공천심사위원장을 맡기도 했고, 한부환 서울고검 차장은 삼성비자금 수사를 맡고 특별감찰본부장을 맡기도 했다. 삼성 장학생이 삼성 비자금 수사를 맡고, 검찰 내부 감찰본부장을 맡고 있으니 감찰이 공정하게 될 수 있었을까? 이 사람은 언론중재위원까지 맡았다. 역으로 삼성X파일을 보도한 MBC 이상호 기자와 떡검 명단을 공개한 노회찬 의원 등이 삼성공화국 황제의 코털을 건드리고 그 호위무사들의 비위를 캤다고 거꾸로 기소되고 유죄 판결을 받았다.

삼성X파일은 1997년 100억이 넘는 대선 자금을 여야 정치권에 전달하는 범죄 모의 장면이 담겨 있으며 검찰에게 명절과 연말 정기적으로 뇌물을 나눠주는 장면이 담겨 있다. 예를 들면 "작년에는 3천만 원 했는데 올해는 2천만 원 하자"는 식의 얘기들이다. 이 범죄 모의 테이프가 밝혀진 것은 2005년이다. 그렇다면 최소한 범죄 사실이 밝혀지기 전까지는 "작년에 2천 했는데 올해는 얼마를 하자"는 얘기가 계속되었다고 보는 것이 합리적이지 않을까? 삼성으로부터 상습적으로 뇌물을 건네

받은 검찰 주니어들이 그 후 시니어가 되어 있을 텐데 이들에게 최소한 2004년 연말까지 '떡값'이 건네졌다고 보는 게 합리적인 의심이 아니냐는 말이다. 그런데 97년 뇌물죄의 '공소시효'가 만료되었다는 이유로 수사를 종결한 것은 애초에 수사 의지가 없었다는 말이다. 수사 검사였던 황교안 스스로가 '부당거래'의 한통속이라는 의미다. 황교안 차장은 법무부 장관을 거쳐 대한민국 국무총리로 재직했고 2020년 현재 자유한국당 대표로 앉아 있다.

간첩당 오명을 뒤집어쓰다

–'일심회' 사건의 불똥이 민주노동당에 옮겨 붙다

민주노동당은 국가보안법체제 하의 공안세력에게 종종 먹잇감을 제공했다. 원내 정당이 된 민주노동당은 국민들이 주시하는 '공당'으로서 남북관계와 관련된 정치활동을 국민이 납득할 수 있는 수준에서 공개적이고 투명하게 운영해야 했다.

민주노동당이 원내에 입성하기 전에 발생한 2003년 8월의 세칭 '강태운 고문 간첩사건'은 민주노동당의 국가보안법 취약성을 드러낸 사건이었다. 당시 공안부에서는 강태운 고문이 일본에 거주하는 공작원 박춘근에게 포섭되어 민주노동당 관련 자료와 국내정세 분석 자료를 전달하고, 중국의 북한 대외연락부 부과장 김문수 등 북한 공작원들과 접선을 계속해왔다며 강고문을 국가보안법상 간첩 등의 혐의로 구속했다. 민주노동당으로서는 날벼락이 아닐 수 없었다. 민주노동당은 강태운씨를 '통일운동가'로 예우해 고문에 위촉했을 뿐 당내 일에 관여하지 않은 인사였다고 밝혔다. 그러나 수구언론들은 민주노동당의 해명을 무시하고 강 고문이 민주노동당의 정강 정책에도 깊숙이 개입한 듯 소설을 써댔다. 당시 민주노동당은 "강 고문의 활동내용에 문제가 있다면 민주노동당은 고문직 해촉과 당적 박탈 등 후속 조치를 취할 것"이라고 선을 그을 수밖에 없었다.

국가보안법은 위반사건을 통해 자신의 모습을 드러내는 불의의 율법이다. 따라서 합법 대중정당인 민주노동당으로서는 국가보안법체제를 상수로 놓고 당을 규율하지 않으면 당이 연루된 국가보안법 위반 사건의 리스크를 감당할 수 없었다. 그런 의미에서 원내 입성 이후 2006년 10월에 발생한 소위 '일심회' 간첩단 사건은 민주노동당의 뒤통수를 친 끔찍한 재앙이었다. 검찰은 북한 공작원과 접촉한 혐의로 민주노동당 전 중앙위원 이정훈, 개인사업가 장민호(마이클 장), 모 학원장 손정목, 민주노동당 사무부총장 최기영 등을 체포했다. 보수 언론은 6.15선언 이후 최대 간첩단 사건이라며 대대적으로 보도했고,

공든탑이
어이없이…
와르르
일심회
민주노동당

민주노동당의 연루 사실을 부풀렸다.

그러나 재판과정에서 드러났듯이 이 사건은 연루된 이가 마이클 장 등 4인에 불과했고, 강령과 규율을 별도로 정하지도 않았고, 조직을 결성한 것도 아니었으며, 구성원 서로가 조직의 구성원이라는 사실 자체도 몰랐다는 점에서 '이적단체를 구성'한 것도 아니었다. 한마디로 '일심회'는 조직이 아니라는 것이었다. 심지어 이들이 북한 공작원에 제공했다는 국가 기밀이라는 것조차 민주노동당 사업계획이나 '자민통 서울모임' 내부 회의자료 정도여서 대부분 무죄 판결을 받았고, 유죄 증거물조차 "국가 안보를 위협할 만큼 중대하지 않다"고 인정되는 등 사실상 '태산명동에 서일필'식으로 전형적인 부풀리기 수사의 산물이었던 것이다. 그러나 사건에 연루된 민주노동당의 당직자가 344명의 당직자 성향분석 자료를 작성해 소위 '본사(북측)'에 넘긴 사실이나 "김정일 장군께 충성의 새해 인사를 드립니다"는 따위의 맹세문을 보내는 등 친북 일탈행위는 국민들을 납득시킬 수 없는 것이었다.

이에 당 내부에서는 "국가보안법 위반 이전에 당직자 신상정보 유출은 심각한 인권침해이며 진보운동의 일탈행위"라는 비판이 일었다. 그러나 자주파 인사들은 "당을 음해하려는 검찰의 공작"이라고 일축하고 국민이 납득할 만한 공식 브리핑이나 논평을 내놓지 않았다. 2003년 강고문 사건 때와는 사뭇 다른 모습이었던 것이다. 민주노동당의 공식적 대응이 이렇게 모호해지면서 세칭 '일심회' 사건의 불똥은 민주노동당 전체로 옮겨 붙었다. 보수세력은 연일 민주노동당을 '친북당', '간첩당'이라고 몰아붙였다.

당시 심상정 의원은 "당이 진상조사를 통해 깨끗이 해명하고 일탈행위엔 국민적 눈높이에 맞는 책임 있는 조치를 취해야 한다"고 지도부에 촉구했으나 '책임 있는 조치'는 굼뜨게 유보되었다.

당 내부에서 제기된 비판의 핵심은 '일심회' 사건은 공안세력이 부풀린 작품이라는 점에는 이견이 없으나 문제는 그들이 만들고 싶어 하는 '작품'의 재료를 끊임없이 공급해주는 당 내부의 취약성을 해소하지 못하고 있다는 것이었다. 당시 '일심회' 사건에 수세적인 대응으로 일관하는 진보세력에 대해 비판적이었던 박노자 교수조차 "민족해방파(NL)에 대한 제 솔직한 의견을 묻는다면 한국 진보운동이 앓고 있는 '소아병적 질환'이라고 답하겠다. 민주노동당에 표를 주고 싶어도 거기에 주사파가 너무 많아 주저한다는 사람들을 수도 없이 봤다"며 "운동담론이나 당 차원에서도 북한의 국가주의 지배이데올로기를 무슨 '민족해방 이념'쯤으로 착각하는 분들에 대한 정리가 필요"하다고 할 정도로 민주노동당은 국가보안법 리스크를 짊어지고 다니는 정당이었다. 결국 자주파가 "동지를 버릴 수는 없다"는 입장을 견지하고 선을 긋지 못함에 따라 민주노동당의 국민적 신뢰는 바닥으로 떨어졌다. 북한 추종 노선에 대한 온

정적 태도를 비판하는 측의 분당 압력도 점차 커져갔다.

과거 권위주의 정권에 맞서 비합법 운동을 해왔던 이들이 제도권 대중정당에서 일하기로 했다면 각종 제도적 제약을 감안하고 이른바 '체제 안에서 일하는 법'을 배워야 했다. 체제 안에서 일하며 민주주의의 힘으로 체제를 넘어서는 운동이 진보적인 대중정당 노선이라는 것에 익숙하지 않은 이들이 민주노동당의 키를 쥐고 있었던 것이다.

민주노총에서 금기어가 되어버린 '사회연대전략'

-노동운동의 고립을 벗어나기 위한 제안인가? '정규직 책임론' 강화인가?

정규직 노동자가 나서서 연금 사각지대를 없애자는 국민연금 보험료 지원사업이 민주노동당 권영길 원내대표에 의해 2006년 11월 10일 공식 제안되었다. 권 대표는 국회 본회의 정당대표 연설을 통해 사업장 가입자의 국민연금을 한시적으로 인하해 이것을 국민연금 사각지대에 놓여 있는 비정규직 노동자와 지역 가입자들의 연금보험료를 지원할 것을 제안했다. 민주노동당은 갈수록 심화되는 사회양극화에 대한 대안으로 부유세를 비롯해 사회복지 정책들을 쏟아

냈지만 일방적인 주장과 요구에 그칠 뿐 양극화 추세를 막을 수 없다는 걸 절감했다. 이에 국가나 자본, 고소득층에 대한 일면적인 요구만이 아니라 정규직 대공장 노동자들 스스로가 사회 연대적 실천방안을 스스로 찾아 나설 때 주장의 정당성과 진정성이 담보될 수 있다고 보고 정규직 사업장을 중심으로 조직된 민주노총과 한국노총에서 논의해줄 것을 요청했다. 권 대표는 "노동자들의 참여를 이끌어낼 수 있다면 이 사업은 우리 노동운동에서 획기적인 일이 될 것"이라고 말했다.

민주노동당은 민주노총을 비롯한 정규직 대공장 중심의 노동운동이 '자기 밥그릇 챙기기'에만 비타협적인 운동으로 인식되어 사회적 고립을 면치 못하고 있다는 점을 주목했다. 2006년 5.31 지방선거 때 민주노동당이 울산에서 참패한 가장 큰 이유가 조직되지 않은 비정규직 노동자들의 외면 때문이었다는 점은 민주노동당에게 매우 큰 충격이었다. 말로만 비정규직 문제를 고민하는 게 아니라 현실적인 대안을 냄으로써 당을 바라보는 비정규직의 시선을 바꾸어 내지 않으면 안 되었다. 노동운동에 뿌리를 둔 민주노동당으로서는 민주노총의 고립이 곧 민주노동당의 고립이었다. 민주노동당으로서는 이를 타개하기 위해 '사회연대전략'을 모색하지 않을 수 없었다.

민주노동당의 분석에 따르면 경제활동인구 2천400만 명 중 공적연금에 가입하지 못한 사람은 약 1천30여만 명. 이를 방치할 경우 현재 빈곤이 노후 빈곤으로 이어질 것이라는 것이었다. 이에 민주노동당은 월급 160만 원 노동자가 매월 1,800원의 연금 보험료를 지원해 고소득층과 자본, 국가의 참여를 끌어내는 마중물 역할을 함으로써 연금 사각지대를 없애자는 아이디어를 냈다. 이 제도를 설계한 오건호 민주노동당 정책전문위원은 "민주노동당은 진정한 사회연대운동은 자본과 국가에 대한 요구뿐만 아니라 노동운동이 스스로 행할 수 있다면 노동자의 연대철학에 의거해 이에 참여할 수 있어야 한다는 결론에 도달했다"며 "기존의 '일면적 요구'에서 '참여를 기초로 한 요구'활동이 필요하고 이는 산별노조 시대와도 조응하는 활동 양식"이라고 설명했다.

그러나 이 제안은 노동운동 내부에서 큰 논란을 불러 일으켰다. 조형일 IT연맹 정책실장은 "노동운동을 바라보는 사회 전반의 불신에 대한 고민 속에서 새 패러다임으로 전환할 수 있는 계기라고 평가한다"고 말했다. 이주호 보건의료노조 정책기획실장은 "타협과 양보, 참여는 노조에 금기단어였다. 민노당의 제안은 우리 운동의 전환과 관련해 시사점을 준다"고 평가했다. 김태현 민주노총 정책기획실장은 "민주노총 정책담당자회의에서 1차적으로 논의를 한 결과 취지와 필요성에 공감하는 의견이 많았다"고 했고, 고윤남 사무금융연맹 정책기획국장도 "취지와 필요성에 공감한다. 처음 논의보다 현실화가 가능하도록 보완이 많이 된 것으로 본다"고 말했다. 반론도 만만치 않았다. 민주노총 위원장 선거에 후보로 나선 모든 진영에서는 민주노동당의 사회연대전략에 대해 냉담한 반응을 보였다. 국가가 나서서 풀어야 할 문제를 정규직 노동자들이 양보함으로써 풀자는 취지로 이해한 것이다. 그리고 사회연대전략의 선의에도 불구하고 자칫 '정규직 책임론'을 강화하는 논리가 될 수 있다는 점도 이들이 경계한 부분이었다. 연맹급 정책담당자들조차 "취지는 좋지만 실현 가능성이 있겠느냐"는 식의 반신반의 상태였다. 갈 길이 멀어 보였다.

민주노동당은 2006년 10월부터 노동조합과 당 지역위원회를 방문해 사업설명회를 추진했고 12월 21일에는 사회연대연금노동조합 대의원대회에서 국민연금 보험료 지원사업 지지 결의를 이끌어내기도 했다. 비록 시간이 걸리더라도 노동운동의 변화를 끌어내기 위한 민주노동당의 노력은 꾸준히 지속되어야 한다는 것이 민주노동당의 방침이었다. 그러나 이석행 민주노총 신임위원장이 문성현 대표와 만난 자리에서 "노동자에게 고통을 전가하는 민주노동당의 연금개혁안에 동의하지 않는다"는 입장을 밝히는 등 조직의 수장이 정면으로 반발하면서 장벽에 부딪혔다. 민주노동당의 '사회연대전략'이 마치 '정규직 책임론'의 다른 이름인 양 금기어가 되는 어처구니없는 상황이 전개되었다. 민주노총 위원장의 반발을 무릅쓰고 산하 단위노조에서 설명회를 지속할 수는 없었다. 민주노동당의 정치력이 민주노총 위원장의 반발을 넘어서지 못했다는 얘기다. 이로써 민주노동당이 고심 끝에 내놓은 '국민연금 보험료 지원

사업'은 큰 기대를 모았으나 민주노동당과 민주노총의 공방을 넘어서지 못한 채 캐비닛 속에서 잠들게 되었다.

북핵, 민주노동당을 흔들다.

-비핵화 강령이냐? 핵자위권 인정이냐? 내분

2006년 10월 9일 오전 10시 35분 대한민국 지질자원 연구원이 감지한 리히터 규모 3.58의 지진파가 민주노동당을 흔들어놓았다. 지진파의 진앙은 북한 함경북도 화대군이었고 북한 조선중앙통신은 이 지진파를 일으킨 1차 핵실험에 대해 "강위력한 자위적 국방력을 갈망해온 우리 군대와 인민에게 커다란 고무와 기쁨을 안겨준 역사적 사변이다"라고 열에 들떠 고창했다. 민주노동당은 북한의 핵실험 발표 직후 의원대표단과 당대표, 최고위원이 참석하는 긴급대책회의를 열고 격론을 거친 끝에 "민주노동당은 한반도 비핵화 선언을 지지하고 평화군축 강령을 가진 정당"으로 "북한이 핵실험을 강행한 것에 대해 민주노동당은 강한 충격과 유감을 표명한다"고 공식 입장을 밝혔다. 덧붙여 "북의 핵실험 강행의 과정에서 미국이 취해온 대북 고립 · 압박 정책이 이번 사태를 불러온 주요 원인"이라며 "한반도 평화를 위협하는 긴장과 대결

핵 자위권이라고요? 그러면 일본의 핵무장도 인정해야 하나요?
핵자위권 인정

국면을 조성한 일차적 책임은 미국의 적대정책에 있다"고 주장했다.

한편 조선중앙통신이 밝힌 "핵실험은 조선반도와 주변지역의 평화와 안정을 수호하는 데 이바지하게 될 것"이라는 주장에 대해 "민주노동당은 동의하지 않는다"는 내용이 최고위 논의에서 포함됐는데 김선동 사무총장이 대변인 발표에서는 삭제를 요구해 논란을 빚기도 했으며 북한 핵실험에 대한 주요 당직자들의 엇갈린 발언들은 당을 일대 소용돌이로 몰아넣었다. 이용대 정책위 의장이 〈민중의 소리〉와의 인터뷰에서 "지금은 북미 간 정치군사적 대결 국면인데 북에게 무기를 내려놓으라고 할 수 있느냐"며 "핵이 자위적 측면을 갖고 있는 것으로 인정해야 한다"는 발언을 해 강령에 반하는 '핵 자위권' 인정 문제가 논란의 중심이 되었다.

10월 15일 열린 민주노동당 중앙위에서 '한반도 평화실현을 위한 특별 결의문' 채택을 둘러싸고 다시 격론이 벌어졌다. 북핵 '반대'를 명확히 해야 한다는 측과 자위권 측면에서 북핵을 용인해야 한다는 측이 나뉘었다. 그러나 이즈음 민주노동당의 의결기구는 숙의가 배제된 다수파의 다수결이 횡행했다. 최고위원회가 올린 '북핵 실험 유감'을 북핵 실험 '반대'로 바꿔야 한다는 소수파인 평등파의 수정안은 간단히 부결되었다. 다수를 차지하고 있던 자주파 측에서는 오히려 "미국의 대북 적대정책과 북미 사이의 긴장과 대결이 북의 핵실험으로 이어진 것에 대해 유감의 뜻을 표한다"로 수정안을 제출했다. 최고위원인 김선동 사무총장과 이용대 정책위 의장도 원안을 제출한 최고 지도부로서의 책임을 방기하고 수정안에 찬성표를 던져 가결시켰다. 자주파의 수정안은 미국 책임론만 강조되었고 북한의 책임에 대한 언급이 삭제된 것이었다. 결국 평등파를 주축으로 한 중앙위원들이 반발하면서 퇴장했고 자주파의 수정안은 공식 채택되지 못했다. 중앙위가 '유감'을 표명하는 결의안조차 채택하지 못하자 노회찬 의원은 이틀 후인 17일 〈레디앙〉과의 인터뷰에서 "자위를 위해 개발했기 때문에 용인해야 한다고 한다면 일본의 핵 개발도 용인해야 하고 우리가 전술핵 배치에 반대했던 이유도 부정해야 한다"며 "북한 핵실험에 대해 당연히 반대해야 한다"고 말했다.

같은 달 31일 북한 조선사회민주당의 초청으로 당 지도부가 방북하는 문제를 놓고도 당내에 찬반이 엇갈렸다. 북한이 핵실험을 한 상황에서 이루어지는 방북은 그 정치적 의미가 각별한 것이었다. 당연히 민주노동당과 남한 시민사회의 우려를 공식적으로 전달해야 한다는 주장이 강하게 제기되었다. 그러나 이 또한 방북은 하되 문성현 대표가 '개인적' 차원에서 북한 핵실험에 반대 뜻을 표하는 것으로 어정쩡하게 절충되었다. 다수파인 자주파는 북한의 2005년 미사일 발사에 대한 반핵 결의안도 무산시켰고, 북핵 실험 유감 표명조차 틀어막았으며, 대표단의 방북을 한가한 나들이로 만들어버렸다. 당 내에서는 다수

파고 큰 소리를 내지만 북한 문제에 관한 한 국민들에게 납득할만한 정치를 보여주지 못하는 불투명한 당의 이미지만 키워간 것이다. 북핵에 대해 단호히 반대하는 입장을 천명하면서도 지속적인 대북 포용 정책으로 6.15 공동선언을 이끌어냈던 김대중 전 대통령과 같은 현실 정치의 문법은 아직 민주노동당의 운동권 자주파에게는 요원한 것이었다.

북핵 문제에 대한 이 같은 혼선으로 당내의 반목과 불신은 더 깊게 뿌리를 내렸다. 이에 김종철 전 서울시장후보는 "북핵에 대해 단일한 슬로건으로 갈 수 없다면 미국을 규탄하는 쪽과 동아시아 핵무장을 반대하는 쪽으로 나뉘어서라도 진보진영이 의제를 실천하는 모습을 보여야 한다"며 차라리 따로따로 가자고 제안하기도 했다.

혁신하지 않는 진보에겐 미래가 없다

-2007년 민주노동당 대선 참패

2007년 대선은 노무현정권 심판 선거였다.

민주정부 10년 집권에도 불구하고 서민들의 삶은 나아지지 않았다. 아니 갈수록 고달파졌다. 서민들의 입에서는 "민주주의가 밥 먹여주나"라는 말이 쉽게 튀어나왔다. 기대를 배반하는 정치, 열망과 실망의 지겨운 사이클이었다. 노무현은 권력을 쥐고서도 기득권층의 반발을 달래려 "권력이 시장에 넘어갔다"고 고백해야 했다. 분양원가 공개는 스스로 나서서 반대했다. 시장권력, 관료권력, 사법권력, 언론권력 등 사회 권력들이 기승했다. 거시경제 지표를 관리해야 하는 국정 책임자의 중압 때문일까? '기업이 투자를 해야 일자리가 는다'는 시장의 협박에 밀렸다. 정치권력은 무기력했다. 비정규직은 갈수록 늘어났다. 시장권력에 맞설 노동세력의 지지도 받지 못했다. 대통령은 양극화에 속수무책이었다.

노무현 집권 후반기에 불만이 집중적으로 터져 나왔다. 잘못된 일은 모두 노무현 탓, 노무현 때리기가 '국민스포츠'가 되었다. 보수언론을 비롯한 보수세력은 노무현 정권을 좌파라고 공격했다. 민주노동당은 노무현정권을 신자유주의라고 각을 세웠다. 누구에게도 환영받지 못하던 노무현은 스스로 '좌파 신자유주의'라고 푸념했다.

대통령 지지율이 바닥으로 떨어졌다. 그런데 어찌된 일인지 민주노동당 지지율도 동반 하락했다. 노무현정권을 진보로 치부하던 국민들은 진보세력 전체에 대한 불신을 드러내고 있었던 것이다. 민주노동당은 억울했다. 원내교섭단체에서 배제되어 국정운영에 개입할 수 없었던 소수정당이 왜 정치 실패의 책임을 져야 하느냐? 거대 여당과 거대 야당의 대립 때문에 교착된 정치를 민주노동당에 묻는 건 분명 과도한 것이었다. 그러나 소수정당으로서 한계를 뼈저리게 실감했다는 말은 변명이 될 수가 없었다. 2007년 대선을 앞둔 민주노동당도 이미 기성 정당이었다. 2004년 총선에서 10석을 얻으며 일약 3당으로 도약해 원내 정당이 된 민주노동당은 지난 3년간 대국민 정치활동을 평가받아야 할 위치에 놓이게 된 것이다.

한때 20%를 넘나드는 지지를 받기도 했던 민주노동당이 기회를 살리지 못하고 열린우리당 '2중대' 소리를 들으며 관심 밖으로 밀려난 것은 원내교섭단체를 중심으로 운영되는 기성정치의 장벽 탓도 있었겠지만 민주노동당 스스로 국민의 눈높이에 맞는 독자적인 진보정치의 콘텐츠를 만들어내지 못한 탓도 있었다. 한 석만 있어도 정치가 바뀔 것이라던 호언장담은 10석을 가지고도 이루어내지 못했다. 원내 정당이지만 원외의 재야 운동권과 무엇이 다른지 원내 진보정당으로서의 효능감을 국민들에게 제공하지 못했다. 그럼에도 원내 입성 이후 3년간 민주노동당은 노회찬과 심상정이라는 탁월한 대중정치인을 배출해냈으며 이런 저력에 힘입어 2006년 지방선거에서 정당 지지율 12%를 지켜냈다.

민주노동당에겐 2007년 대선이 반전의 기회였다. 일심회 사건, 북핵의 자위력 인정 발언 등으로 고립의 늪에 빠지고 있던 민주노동당을 구출할 수 있는 구명줄이 있었기 때문이다. 민주노동당이 배출해낸 새로운 대중 정치인을 전면에 내세워 혁신하는 모습을 보여줄 수가 있었다. 그러나 당내 후보 경선과정에서 권영길 후보가 자주파와 손잡으면서 변화된 당의 모습을 기대하던 민심은 정파 선거의 벽에 부딪혔다. 결선에서 혁신을 내세운 심상정 후보는 통합을 내세운 권영길 후보에게 패했다. 52대 48, 이 수치는 지난 당 대표 선거에서 문성현과 조승수가 얻은 표와 겹친다. 그때도 52대 48이었다. 흔쾌하지 못한 결과였다.

5년 전 "살림살이 나아졌습니까?"라고 묻던 권영길은 참신했다. 그러나 2007년은 달랐다. 이미 생물학적 나이도 70대로 '다음'을 기약하기 힘든 마지막 선거였다. 경선 때부터 따라붙었던 대선 3수생이라는 꼬리표가 권영길 후보의 발목을 잡았다. '식상하다'는 것이었다. '화합과 통합'의 리더십을 들고 나왔지만 자주파라는 패권정파의 등에 업혀 민생문제와 다소 거리가 느껴지는 '코리아연방'과 같은 선거슬로건을 내세운 것도 오히려 당내 갈등을 부추기는 요인이었다. 게다가 후보로 선출된 9월 이후 한 달간 선대위도 꾸리지 못하고 허송세월했다. 고질적인 정파 대립 구도로 당력 결집에 실패했기 때문이다. 대선 후보라는 가장 강력한 힘을 갖고도 그간 지속적으로 제기되어온 당 혁신의 요구에 부응하지도 못했다. 그 사이 전통적인 민주노동당 지지층은 문국현 후보에게 넘어가고 있었다.

민주노동당은 10% 득표를 목표로 내세웠다. 불가능한 목표는 아니었다. 일찌감치 이명박 후보가 고공 지지율을 보이면서 민주노동당 사표론이 먹혀들 여지도 적었던 선거였기 때문이었다. 그러나 유권자는 냉정했다. 혁신하지 않는 진보에게 가차 없는 회초리를 들이댔다.

민주노동당 분당

2007년 대선 직후 12월 29일 개최된 민주노동당 중앙위원회에서 지도부는 대선 패배 책임을 지고 전원 사퇴했다. 그에 앞서 문성현 대표는 심상정 의원을 따로 불러 비대위를 맡아달라고 요청했다. 심의원은 문대표에게 "우리 당은 걸핏하면 지도부 총사퇴로 모든 걸 덮으려 하는데 진정으로 책임지시려면 왜 이런 사태까지 오게 되었는지 공개적으로 발언하세요. 무엇이 잘못되었는지부터 밝히세요. 임기가 며칠 남지도 않은 지도부가 서둘러 사퇴하는 걸로 대충 넘어가려 하지 마세요. 그건 책임지는 게 아니라 도망가는 겁니다"(『당당한 아름다움』, 레디앙)라며 '독배'가 될지도 모르는 제안에 대해 부담스런 심경을 여과 없이 밝혔다.

민주노동당 중앙위원회 개최 직전 12월 27일 〈조선일보〉에서는 "친북세력과 결별해야 민노당에 미래 있어"라는 제목의 조승수 진보정치연구소 소장의 인터뷰가 실렸다. 이튿날 민주

진보신당
민주노동당

노동당원인 한겨레 홍세화 기획위원이 진보매체인 〈레디앙〉에 "민주노동당의 당권파인 자주파 또는 주체파는 한국적 분단현실의 산물이긴 하나, 그들이 당권을 잡고 있는 한 민주노동당은 진보정당이 아니다… 그들은 책임은 지지 않고, 토론은 이뤄지지 않고, 공부와 학습도 하지 않는 종북 주체일 뿐이다… 이들을 허덕이면서 안고 가는 것은 마이너스에서 출발하는 것이다. 차라리 제로에서 출발하는 새로운 정당 창당이 더 낫다"며 신당 창당을 주장했다.

당의 일각은 벌써부터 무너지고 있었다. 2008년 1월 8일, 경기도 구리의 지역위원회 전원의 탈당을 시작으로 11일에는 부산 지역 당원 52명이, 이어 광주 · 여수 등서도 집단 탈당이 이어졌다. 1월 27일에는 조승수를 비롯해 선도 탈당한 홍세화, 김혜경 전 대표, 김석준 부산시당 위원장 등이 참가한 '새로운 진보정당 운동'이 닻을 올렸다. 민주노동당 분당 압력이 높아지고 있었다.

이에 심상정 비대위 위원장은 "새로운 진보정당 운동에 참여하는 대다수는 비대위의 혁신이 성공하기를 기대하고 있다"며 "비대위가 당을 혁신하기 위해 분투하는 과정에서 실패를 예단하고 미리 진로를 결정하는 것은 성급하다"며 선도 탈당 세력을 설득하는 한편 2월 3일 당대회에 "당의 민주주의를 훼손했던 패권주의를 척결하고 편향적 친북정당 이미지를 쇄신할 수 있는 혁신안이 제시되어야 한다"며 "제2창당을 실질적으로 준비하는 혁신안을 마련해 미래를 책임지는 진보정당으로 나가겠다"며 강도 높은 혁신 의지를 밝혔다.

1월 27일 공개된 당대회 안건에는 세칭 '일심회' 사건의 최기영, 이정훈 당원 제명안과 미군의 완전한 철군과 북핵폐기를 연계시킨 대선공약 폐기뿐만 아니라 총선 비례대표를 사실상 전략공천으로 채움으로써 정파 패권의 전쟁터가 되게 하지 않겠다는 의지도 담겼다.

그러나 이미 평등파 당대의원 일부가 선도 탈당한 상태에서 대의원의 압도적 다수를 차지하는 자주파는 비대위의 혁신안을 수용할 수 없다는 전의를 불태우며 정면으로 충돌할 기세였다. 한편 당대회가 깨지는 일은 어떤 일이 있어도 막아야 한다는 자주파 일부에서는 최기영, 이정훈 제명건에 대해 "당기위에 회부해 절차대로 진행하면 될 일을 비대위에 제출하는 무리수를 뒀다. 당대회 안건으로 올라오면 소명 기회조차 부여하지 못한다. 이건 절차상에 중대한 하자가 있을뿐더러 당 내분을 더욱 확산시킬 수도 있다. 평가의 문제와 인신에 대한 처리 문제는 별개"라며 제명안 철회를 요구하기도 했다. 그러나 비대위로서는 일심회 사건에 대한 당 차원의 정치적 의사를 국민들이 납득할 수 있는 수준에서 드러내는 것을 회피할 수도 없었으며 당기위 뒤로 숨을 수도 없는 핵심 현안으로 파악했다. 뿐만 아니라 이미 선도 탈당한 이들을 다시 돌려세우기 위해서라도 보다 강력한 혁신의 메시지를 던져야 했다.

심상정 위원장도 배수진을 쳤다. "이번 당대회에서 혁신안이 부결된다면, 비대위 불신임으로 간주해 사퇴하겠다"며 "그 핵심은 일심회 사건 관련자 제명처리 부분"이라고 분명히 밝혔다.

운명의 날, 2008년 2월 3일 당대회에서 심상정 위원장은 "오늘 당대회가 우리가 믿음직한 진보정당으로 다시 설 수 있느냐를 가를 역사적 분기점"이라며 두 당원의 제명 방침을 담은 '제2창당을 위한 평가혁신안 승인의 건'과 18대 총선 전략명부 추천을 담은 안건에 대해 "수정안 제출 없이 찬반토론만으로 원안 통과시켜달라"고 요청했다.

오후 3시 50분에 시작된 최기영, 이정훈 두 당원 제명 안건은 정종권 집행위원장이 "북한 및 북한과 연계된 인물에게 전달할 것을 목적으로 당내 동향과 당직자 신상과 성향을 분석한 자료를 유출한 것은 당헌, 당규의 당의 기밀을 지켜야 하는 의무를 위반한 것"이라며 안건 제안 이유를 설명하며 시작되었다. 이에 대해 자주파 대의원들은 "당사자들은 이를 부인하고 있다", "당원의 양심을 믿어야지 시대악법인 국가보안법 판결문을 믿을 것이냐"는 등 질문공세를 두 시간 가까이 이어가며 강하게 반발했다.

결국 제명안을 삭제하자는 수정동의안이 제출되었고 862명 투표에 553명이 찬성해 64.1% 찬성으로 가결되었다. 비대위 혁신안의 핵심이 거부된 것이다. 자주파 대의원들이 환호하는 가운데 수정안 통과가 선포되자 심상정 대표, 노회찬 의원, 비대위원들은 침통한 표정으로 회의장에서 퇴장했다.

2월 4일 〈경향신문〉 사설은 "우리가 보기에 비대위 혁신안은 민노당의 현 상황에서 당의 양대 정파인 자주파와 평등파의 대립을 최소화하고 당을 되살릴 수 있는 최선의 방안이었다. 이른바 '일심회' 사건 관련자 2명을 제명하는 등의 조처를 취함으로써 자주파의 친북 편향에 대해 일정한 제재를 가하는 한편 '무조건 탈당'을 선도하는 평등파에도 경고를 보냄으로써 양쪽을 다 아우르는 현실적인 방안이었던 것이다. 그러나 당내 다수파이자 그동안 당을 주도해온 자주파는 비대위의 혁신안을 '국가보안법에 대한 굴복'으로 보고 부결시켰으며, 평등파 역시 당을 살리고자 마련한 대회에서 탈당을 감행하기도 했다"며 심상정 비대위 혁신안 부결을 아쉬워했다.

심상정, 노회찬 의원도 결국 탈당할 수밖에 없었다. 2월 17일 탈당을 공식적으로 밝히는 자리에서 심의원은 "현재 민주노동당의 틀로는 진보정치의 희망을 만드는 데 한계에 달했음을 고통스럽게 고백하지 않을 수 없다. 민주노동당을 희망으로 만들지 못해 송구스럽다"며 마지막 인사를 마치고 노회찬 의원과 함께 2월 24일 '진보신당 건설을 위한 연대회의'를 공식 제안하겠다고 밝혔다. 민주노동당을 떠나 진보신당에 참가한 당원은 대략 2만 명, 이로써 민주노동당은 8년 만에 분당되었다.

3부

분당과 통합,
그리고 분당

성깔 있는 칼라TV

-광우병 촛불시위를 '시위2.0'으로 만든 주역

"혁신하지 않는 진보는 진보가 아니다."

진보신당 당원들은 진보 다당 시대에서 혁신 진보의 모습을 실천하기 위해 능동적으로 활동했다. 진보신당 부산시당 당원들이 '대운하 까발리야'라는 네 바퀴로 가는 자전거를 타고 새재를 넘으려 하고 있던 2008년 5월 2일 100일 이상 지속되었던 광우병 쇠고기 수입 반대의 촛불이 막 켜지고 있었다. 첫 집회 참석자 60%는 여고생이었으며 집회 형식도 여느 집회와 달랐다. 사전에 준비된 연사가 있지도 않았으며 주로 참석자들의 '자유발언'으로 생기를 더했다.

5월 2일 첫 집회 이후 약 두 달 간은 매일 집회와 시위가 이어졌다. 촛불시위가 이렇게 완강하고 지속적으로 이어질 수 있었던 것은 무엇보다 이슈의 파괴력 때문이기도 했겠지만 마치 축제처럼 자유로운 분위기로 진행된 새로운 집회시위의 형식 때문이기도 했다. 시민들은 이렇게 개방적인 집회에 자발적으로 참가했다. 거기에 더해 온라인과 오프라인을 잇는 진보신당의 '칼라TV'라는 매체가 빛을 발했다. 독립 미디어운동을 하던 조PD(조대희 씨) 등 일부 진보신당 당원들과 연예인에 버금가는 인기를 누리던 진보논객 진중권 교수는 카메라와 노트북을 들고 집회 시위 현장을 누비며 '아프리카TV'라는 인터넷 방송 플랫폼을 통해 실시간으로 생중계했다.

시위 현장에 참여하지 않은 많은 시민들도 '아프리카TV'의 채팅 창을 통해 촛불시위에 동참했고, 마치 온라인 게임의 유저처럼 'TV' 리포터 진중권에게 어디 어디로 가서 현장을 찍어달라고 요청하기도 하는 등 온라인과 오프라인이 유기적으로 결합된 시위 문화를 만들어냈다. 이러한 양상은 쌍방향 소통의 '웹 2.0'을 빗대 '시위 2.0'이라 명명되기도 했다. '칼라TV'는 진중권 교수 외에도 미디어몹 '헤딩라인뉴스'의 코믹한 뉴스 진행자로 유명한 이명선 리포터가 참여했으며 정태인을 비롯해 진보신당의 대표 정치인 노회찬, 심상정 등을 출연시켜 촛불시위의 생중계뿐만 아니라 민주주의의 현장 교육까지 겸했다.

'칼라TV'의 이런 맹활약 덕분에 '위키피디아'에 칼라TV를 검색하면 "칼라TV에는 이런 뜻이 있다. 1. 칼라TV 2. 진보신당연대회의가 운영하는 인터넷 방송"이라고 나온다.

노무현 대통령의 죽음과 『진보의 미래』
–노무현이 멈춘 그 자리에서 더 나아가는 것이 진보

2009년 5월 23일 노무현 전 대통령이 자신의 사저 근처 부엉이 바위에서 몸을 던져 목숨을 끊었다. 노 전 대통령은 유서에서 "나로 말미암아 여러 사람이 받은 고통이 너무 크다. 앞으로 받을 고통도 헤아릴 수가 없다… 누구도 원망하지 마라. 운명이다…"라며 심경을 밝혔다.

당시 한나라당 정권은 광우병 촛불시위에 대한 불통으로 지지율이 바닥을 치며 권위주의 통치 행태로 역주행하고 있었음에 반해 노 전 대통령은 '민주주의 2.0'과 같은 웹사이트를 개설하며 민주주의의 공론장을 만들고 있었다. 한나라당 정권에게 노 전 대통령의 존재 자체가 눈엣가시였다. 한나라당에서는 이에 대해 "사실상 사이버 정치 복귀 선언이자 사이버 대통령으로 군림하려는 것(이명규 의원)"이라며 히스테리컬한 반응을 보이며 경계했다. 이 같은 노 전 대통령에 대한 경계심이 한나라당 정권으로 하여금 노 전 대통령 측근들과 가족, 그리고 노무현 당사자까지 '정관계 로비 수사'라는 이름으로 먼지털이식 수사를 하게 만들었다. 노무현 대통령 때는 검찰 독립성을 대놓고 주장하던 검찰은 이명박 대통령의 하명 수사에 충실했다.

대통령이나 지낸 사람이 자살한 사건은 유례를 찾아보기 힘든 것으로 동료시민들은 크나큰 충격을 받았다. 500만 시민이 빈소를 찾았다. 동료시민들의 정서는 슬픔과 분노였다. 광우병 촛불시위로 '명박산성'을 넘어보고자 했으나 결국 불통의 역주행에 가로막힌 울분이 있었고 민주주의의 복원을 희원하던 노무현마저 기어이 잡아먹어 버렸다는 원한에 사무친 울분이 겹쳐졌다. 다시 시민들은 노무현의 죽음을 추도하는 촛불을 밝혔다.

그러나 촛불만으로 세상이 바뀌지 않는다. 문제는 정치였다. 그러나 기존의 보수적 양당체제만으로는 민주주의를 한 단계 더 발전시킬 수 없다는 것도 잘 알고 있었다. 집권 여당인 한나라당 정권을 반대하지만 그 대안으로 정치 자영업자 집단과 다를 바 없는 제1야당인 민주당이 대안이라고도 여기지 않았다. 결국 노무현의 말처럼 세상을 바꾸는 것은 깨어 있는 시민의 조직된 힘이며 그것은 좋은 정당, 강한 정당을 통해 이룰 수밖에 없었다.

진보신당 노회찬 대표는 "노무현이 멈춘 그 자리에서 더 나아가야 한다"고 제안하며 노무현 추모 열기가 단순히 폐족이 된 '친노'의 복권이나 다시 '민주 대 반민주'의 퇴행적인 대립구도로 되돌아가는 걸 경계했다.

노무현 사후에 그의 유고인 『진보의 미래』가 출간되었다. 이 책에서 그는 '보수의 시대'에 진보주의 정부로서 제한적인 수준에서나마 진보주의를 펼치려던 구상들을 회고하면서 참여정부의 한계를 비교적 솔직하게 털어놓았다. "우리가 진짜 무너진 건, 그 핵심은 노동이에요. 핵심적으로 아주 중요한 벽이 무너진 것은 노동의 유연성을, 우리가 정리해고를 받아들인 것이에요.(232쪽)"라고 고백하며 비정규직 확산에 제대로 대처하지 못한 오류를 솔직히 고백하고 있었다. 참여정부의 좌충우돌에 대한 변명을 모두 수긍하지 않는다고 하더라도 노동문제에 대한 노무현의 고백은 그의 추종자들이 노무현 이후의 좌표를 어떻게 그려야 하는지를 보여준 것이었다. 노무현이 멈춘 그 자리에서 더 나아가려 한 이들은 이후 '국민참여당'을 만들었고, 이후 기존의 진보정당들과 진보대통합에 합류해 동료시민들과 눈높이에서 소통하는 강한 진보정당을 만들고자 했다

야권연대로 치러진 2010년 지방선거

-진보대통합 논의 촉발

2010년 지방선거는 진보양당체제 하에서 진보정당 대표선수를 가리는 최초의 진검승부처였다. 진보신당은 민주노동당을 '진보하지 않는 진보'로 규정하고 민주노동당을 넘어 대표 진보정당으로 나선다는 계획을 갖고 있었다. 그러나 분당 이후 민주노동당 또한 내부 혁신을 통해 민생

정당의 면모를 강화했다. 광우병 촛불집회를 거치며 이정희와 강기갑이라는 대중적 진보정치인을 키워낸 것이 민주노동당의 저력이었다.

노회찬, 심상정 같은 국민적 인지도가 높은 후보를 보유하고 있는 진보신당은 광역단체장 선거를 중심에 두고 정당 득표율을 끌어올린다는 전략이었고, 권영길, 이정희, 강기갑 등 인지도가 높은 정치인들이 국회의원 신분으로 있던 민주노동당은 기초단체와 기초의회에서 구체적인 성과를 낸다는 전략이었다.

이명박정권에 대한 심판 선거로 치러진 2010년 6.2 지방선거에서는 최초로 본격적인 야권연대 테이블이 만들어졌다. '5+4'라는 야권연대 테이블에는 민주당, 민주노동당, 진보신당, 국민참여당, 창조한국당과 4개 시민단체가 참여했다. 광역단체장 선거에 큰 비중을 두지 않았던 민주노동당으로서는 야권 단일후보로 기초단체장과 기초의원을 확보할 수 있는 확실한 기회였다. 그에 반해 진보신당은 기초보다 광역단체장 선거에 비중을 두고 있었으므로 광역단체 어느 한 곳도 보장되지 않는 야권연대 협상은 일종의 계륵 같은 것이었다.

진보신당의 노회찬이나 심상정 등은 광역단체장 후보로 손색이 없다고 할 수도 있었으나 정당 지지율이 떠받쳐주지 않는 조건에서 후보만으로 광역단체장 선거에서 성과를 내기가 쉽지 않았다. 그렇다면 야권연대를 통한 후보 단일화를 통해 야권 단일후보를 보장받아야 하는데 제 1야당인 민주당은 그럴

의사도, 정치적 조정력도 갖고 있지 않았다. 민주노동당과의 '진보연대'를 통해 우선 진보후보 단일화라는 사전 과정을 거쳐서 진보진영의 힘을 하나로 모으려던 노력도 성과를 내지 못했다. 기초를 중심으로 판을 짜던 민주노동당의 입장에서는 진보연대 보다 더 큰 야권연대만으로도 소기의 성과를 거둘 수 있었기에 굳이 호의적으로 대할 이유가 없었기 때문이었다. 득표력 있는 진보신당 광역단체장 후보들이 부담스러웠던 민주당은 민주노동당을 지렛대로 진보신당 후보를 야권연대 틀 안에서 누르고자 했다. 진보신당과 진보 대표 정당을 두고 겨루는 입장에서 선거 이후 '누가 진보대통합을 주도할 것인가'라는 문제를 두고 봤을 때 진보신당 광역단체장 후보의 파괴력이 커지는 건 민주노동당에 달가운 게 아니었다.

진보신당으로서는 보병전보다 고공전에 유리한 화력을 갖고 있었기 때문에 광역단체장 후보 방송토론회 등으로 진보신당 인지도와 지지도를 끌어올리면 비례대표 득표율에서 민주노동당을 넘어서는 지지를 받을 수 있을 것으로 판단했다. 그러나 그것은 '야권연대'라는 격랑 앞에서 후보 사퇴 압력에 시달릴 것을 충분히 고려하지 않은 주관적 전략에 불과했다. 심상정이 후보 수락 이전에 기초단체장(고양시장) 후보로 나서는 문제까지 검토하지 않은 것은 아니지만 광역단체장 중심 후보 전략을 추진하던 중앙당 방침 전반에 대한 문제제기로 나아가지 못했다. 결국 심상정은 경기지사 후보로 나섰다. 부산에서는 김석준, 울산에서는 노옥희, 대구에서는 조명래, 광주 윤난실, 전북 염경석 등이 광역단체장후보로 나섰다. 노회찬 대표는 서울시장후보로 출마해 최전선에 섰다.

선거 결과 민주노동당은 광역의원 24명, 기초단체장 3명, 기초의원 115명을 당선시키는 대성공을 거두었고, 진보신당은 광역의원 3명, 기초의원 22명에 불과했다. 기초 중심의 민주노동당 전략은 성공했고, 풀뿌리 기초가 아직 여물지 않은 상태에서 전국적 지명도를 가진 인물 중심의 광역단체장 후보 전략을 구사했던 진보신당은 실패했다. '5+4' 협상에서 우왕좌왕하던 진보신당은 결국 협상테이블을 박차고 나오며 독자완주라는 독배를 들었다. 그러나 일부의 선택은 달랐다. 경기지사 후보 심상정과 부산시장 후보 김석준은 이명박정권을 심판하는 야권연대 요구를 무시할 수 없었다. 당심과 민심이 서로 상충할 때 정치적 리더는 모종의 결단을 요구받는다. 심상정은 후보를 사퇴했고, 김석준은 민주당 김정길 후보와 후보 단일화를 끝까지 추진했다. 심상정과 김석준은 민심의 흐름을 거슬러 가는 정치는 정치가 아니라고 당원들을 설득했지만 진보신당 지방선거 전선은 당 전략의 실패로 말미암아 선거 막판으로 가면서 수습하기 어려울 정도로 흐트러졌다.

야권연대의 요구는 한나라당과 야권의 1대 1 구도를 강제하는 것이었다. 노회찬과 심상정은 후보의 개인기만으로 어쩔 수 없는 상황에서 급속한 지지율 하락을 경험하게 되었으며 후보 단일화에 나서지 않을 경우 그간 쌓아온 국민적 지지를 일거에 반납해야 하는 상황에까지 내몰렸다. '5+4'협상테이블을 박차고 나온 진보신당은 야권연대를 거부한 정당으로 비판을 받았고, 초박빙 접전 끝에 오세훈 한나라당 후보가 한명숙 민주당 후보를 누르고 승리하자 두 후보의 표차(2만 6천 표)보다 많은 14만 표를 얻은 노회찬 후보에게는 한나라당에 어부지리를 준 장본인이라는 비난이 쏟아졌다. 물론 한국 정치에 진보세력의 씨앗을 뿌리려던 이들을 이해해야 한다는 동정론도 없지 않았으나 대중정치인으로서 노회찬은 힘든 시기를 견뎌야 했다. 중도에서 후보를 사퇴한 심상정 후보는 또 다른 방향에서 비난을 받았다. 심상정 후보는 독자 완주의 당론을 어겼다는 이유로 결국 징계위원회에 회부되는 수모를 겪기도 했다. 진보신당 광역단체장 후보의 처지는 한 마디로 '죽거나 나쁘거나' 둘 중 하나였던 것이다. 결국 노회찬 대표는 선거 패배의 책임을 지고 사퇴했으며 진보신당은 진보대통합 논의의 격랑으로 빠져들어 갔다.

심상정, 당기위에 제소당하다

–'신념윤리'와 '책임윤리'에 대한 고민이 시작되다

2010년 6.2 지방선거에서 진보신당의 실패는 '연합노선'과 '독자노선' 사이의 동요로부터 예고된 것이기도 했다. 지방선거 판은 촛불민심이 이미 결정지어 놓았다고 해도 과언이 아니었다. 야권 단일후보로 한나라당을 낙선시켜야 한다는 것. 이런 구조 안에서 진보신당이라는 행위자의 활동반경은 제약될 수밖에 없었다. 그에 따라 '반MB연대'를 기조로 일관되게 '연합노선'을 취했던 민주노동당이 기초단체장 3명을 포함, 광역 · 기초의원 136명을 당선시켜 큰 성과를 거둔데 반해 선거 후반에 '5+4' 야권연대 협상테이블을 박차고 나와 '독자노선'으로 기울었던 진보신당은 명분과 실리 모두를 잃고 패배했다.

진보신당은 침울한 분위기에서 지방선거 평가를 준비했다. 선거 직후 6월 19일 전국위원회에서는 '지방선거 평가와 진단을 위한 토론문'과 '지방선거에서의 해당행위에 관한 특별결의문(안)' 안건을 놓고 뜨거운 논쟁이 펼쳐졌다. 그러나 평가와 진단보다는 당의 '독자 완주' 방침을 어기고 야권연대에 응해 사퇴한 이들을 징계해야 한다는 목소리가 여과 없이 터져 나오며 차분한 복기를 어렵게 만들었다.

함께 가야지
진보
정치

징계결의안은 부결되었으나 일부 당원들이 심상정을 경기도당 당기위 제소했고 당기위는 1심에서 1년간 당권 정지를 선고했다. 당기위는 심상정 후보의 사퇴 '절차'의 적절성만을 두고 판단할 수밖에 없었다. 그러나 심상정의 후보 사퇴는 '정치적 행위'로서 당기위 제소 같은 '사법적 심판'으로 좁혀 놓아서는 그 의미를 제대로 평가하기 어려운 점이 있었다. 심상정은 이의신청을 하며 다음과 같이 말했다.

"저의 결단과 문제제기가 당의 지방선거 선거방침과 향후 당의 진로에 대한 소신에서 비롯된 것이고 현재 이 문제에 대해 전당적으로 논의가 진행 중에 있습니다. 저는 우리 당이 변화해야 한다는 절박한 마음을 가지고 있습니다. 진보적이지만 정치적이지 못하면 정당으로서 성공하기 어렵고, 국민들로부터 힘을 얻지 못하면 우리 당은 민중의 희망이 될 수 없습니다. 또 지금 우리가 능동적으로 변화하지 않으면 밖으로부터 변화를 강제 받게 될 것이고, 그러면 우리의 길은 더욱 좁아질 수밖에 없을 것입니다. 저의 소신에 따른 정치적 행위가 당원들의 활발한 토론 속에 엄중하고 진취적으로 평가되기를 간절히 바랍니다. 그리고 징계 근거로 제시된 당론위배 결정으로 인하여 현재 진행되고 있는 전당적 논의가 위축되지 않기를 희망합니다."

심상정의 이의신청은 '연합노선'과 '독자노선'에 관한 토론의 계기였다. 이는 양자택일의 문제라기보다 독자적 진보정당의 길을 개척해 나가는 전술로서 연합정치를 얼마나 받아들일 것인가 하는 문제였다. 이후 진보신당은 진보대통합 논의 과정에서 '연합정치'를 수용하는 다수 당원들의 여론을 확인할 수 있었다. 심상정은 중앙당 당기위 2심에서 '경고'를 받았으나 정치적으로는 이미 복권되고 있었던 것이다.

심상정은 진보정당이 '진보적이지만 정치적이지 못하면 정당으로서 성공하기 어렵다'는 분명한 입장을 갖고 있었다. 이때 정치적이란 말은 자신의 신념을 고백하는 것을 넘어 결과물을 성과 있게 만들어내는 능력을 뜻하는 것이었다. 이는 막스 베버가 말한 '신념 윤리'를 바탕으로 하되 '책임 윤리'를 자각한 정치인의 자질이었다. 심상정뿐만 아니라 부산시장 후보로서 야권연대를 끝까지 성사시키고 사퇴한 김석준의 경우도 선거운동 과정에서 후보 단일화를 촉구하는 유권자들과 끊임없이 부딪히면서 대중이 원하는 것과 당의 미래를 조화시키는 과정에서 자신에게 주어진 '책임'을 회피할 수가 없었다.

〈딴지일보〉의 김어준은 심상정의 사퇴에 대해 다음과 같이 썼다. "난 그때(심상정이 경기도지사 후보직을 사퇴한 때)가 바로 대중정치인 심상정이 탄생한 첫 순간이라고 생각해. 진보 진영의 정치인들에게 결여된 게 바로 그거거든. 조직의 논리와 정서에 매몰되어 정작 조직 바깥 대중이 원하는 것과는 광년 단위로 멀어져갈 때, 그래서 조직의 요구와 대중의 필요 사이에 엄청난 괴리가 있을 때, 조직의 이념이나 정파의 노선보다 대중의 마음을 우선으로 읽어낼 줄 아는 정서적 통찰력, 그 감성과 직관의 대중적 소통 능력, 그리고 그걸 스스로 결정하는, 단독자로서의 정치적 에고, 그런 게 절대 부족하다고… (진보 진영은) 스스로 권력의지를 가진 정치적 욕망의 주체가 아니라 정치적 소명을 조직과 조직의 합의로부터 할당받아서는 자발적 권력의지가 거세된 조직원으로 활동한다고… 심상정의 사퇴를 사망이 아니라 탄생이라고 한 건… 25년 노동운동 끝에 조직의 조합원이 아니라 정치적 단독자를 선언한 최초의 순간이었으니까"(『닥치고 정치』, 189~190쪽)

진보대통합 추진

-멀고도 험난했던 진보대통합 정당 건설의 길

2010년 지방선거 이후 야권재편 움직임이 활발해졌다. 노사모를 이끌었던 문성근 씨는 '백만민란' 이름으로 야권의 대통합을 추진했고, 진보적 시민운동 진영에서는 '진보의 대합창'이라는 아래로부터 진보 대통합 운동이 추진되었다. 야권연대로는 각 정당의 이해관계를 조정하는 게 쉽지 않기 때문에 다가오는 2012년 총선에서 한나라당과 1대 1로 맞붙으려면 진보, 개혁 정당들이 '빅텐트'를 쳐서 하나의

진보대통합

연합 정당으로 통합해야 한다는 취지로 '백만민란' 운동이 추진되었으며 촛불시민들의 지지를 얻으며 상당한 반향을 불러일으켰다. 그러나 추구하는 가치가 다른 정당들이 선거를 위해 연대할 수는 있어도 하나의 당으로 모여야 한다는 주장은 진보정당들로서 쉽게 동의하기 어려웠다. '빅텐트'는 진보정당의 독자적 존재 이유 자체를 부정하는 것으로 결국 제1야당인 민주당이 주도하는 정당이 될 수밖에 없고 또 다른 '수혈론'으로 끝날 수도 있었기 때문이었다.

'백만민란'과 달리 2008년 광우병 촛불집회의 야전사령탑으로 활약했던 참여연대 박원석 협동사무처장은 흩어진 진보정당들을 하나로 묶는 것을 선결과제로 보고 아래로부터 진보대통합을 위해 '진보의 대합창' 운동을 제안했다. 민주노총 또한 진보통합을 위한 10만 조합원 선언운동을 추진하고 있었다. 지방선거 직전에 민주노동당과 진보신당의 대표들은 '진보대통합'을 추진해야 한다는 입장을 공개적으로 밝혔다.

진보신당은 노회찬 전 대표를 새로운 진보정당건설을 위한 추진위원장으로 임명해 통합 협상에 나섰고 민주노동당은 강기갑 의원을 진보정치대통합추진위원회 공동위원장으로 선임해 통합 협상에 나섰다. 2011년 1월 20일 '진보정치대통합과 새로운 진보정당 건설을 위한 진보진영 대표자 1차 연석회의' 공식 논의를 시작해 그해 11월 20일 민주노동당, 국민참여당, 새진보통합연대가 통합을 선언하기까지 거의 1년이 걸린 통합 작업은 숱한 곡절을 겪었다. 진보신당 내부에서는 통합진보정당이 '도로 민노당'이 되어서는 안 된다는 경계심을 날카롭게 드러냈다. 그것은 통합 수임기구가 민주노동당 분당의 원인이 되었던 '패권문제'와 '북한에 대한 독자성'을 명확히 합의문에 박아 넣어야 한다는 요구로 나타났다. 민주노동당 측도 패권에 대한 반성적 성찰을 충분히 표명했으며 북핵 문제 등에 대한 표현에서도 진보신당 측의 입장을 존중한다는 식으로 문서를 정리했다. 2011년 6월 1일 밤샘 회의 끝에 연석회의 최종 합의문이 통과됐다. 연석회의 내에 뜨거운 쟁점이었던 북한 관련 항목은 "6.15 정신에 따라 북의 체제를 인정하고, '북의 권력승계 문제는 국민 정서에서 이해하기 어려우며 비판적 입장을 밝혀야 한다'는 견해를 존중한다"는 문구로 합의됐다.

그런데 6월 7일 국민참여당이 진보대통합에 참여할 의사를 밝히며 의외의 복병이 나타났다. 민주노동당 이정희 대표는 참여당이 연석회의 합의문에 찬성하면 진보대통합에 참여할 수 있다고 밝힌 반면, 조승수 진보신당 대표는 참여당의 과거 신자유주의 정책에 대한 성찰을 강조했다. 당시 진중권 등의 지식인들은 국민참여당과 함께하는 것이 진보의 외연을 확장하고 과거 민주노동당에서 드러났던 패권을 실질적으로 제어할 수 있는 길이라며 환영하는 입장이었고, 또 다른 일부는 국민참여당이 과거 노무현정권에 몸담은 이들이 주도하는 정당이므로 '신자유주의 정책'에 대한 명확한 반성적 성찰 없이 함께

하는 건 곤란하다는 입장으로 나뉘었다. 이에 대해 국민참여당은 참여정부 시절 한미 FTA 체결, 노동유연화 정책 등에 대한 반성과 사과를 표명했다. 진보신당이 요구했던 반성적 성찰을 한 것이다. 당시 민주노동당 당원 여론조사에서는 국민참여당의 이 같은 반성에 대해 75.6%가 긍정적으로 평가했으며 국민참여당까지 포함하는 통합에 72%가 찬성하는 것으로 드러났다(민주노동당 부설 '새세상연구소' 당원 1015명 대상 전화면접 여론조사 결과). 그러나 진보신당 내부에서는 여전히 부정적 기류가 가시지 않았으며 대의원대회에서 통합진보정당에 대한 찬성의견이 54.14%에 그쳐 가결 정족수인 2/3를 넘지 못하고 부결되는 원인을 제공했다.

통합진보정당을 건설해야 한다는 이들은 '새진보통합연대'라는 조직을 별도로 구성해 진보대통합의 동력을 이어나갔다. 드디어 2011년 11월 20일 민주노동당, 국민참여당, 새진보통합연대가 통합을 선언했다. 그리고 2011년 12월 5일 통합정당 수임기관 합동회의에서 당명을 '통합진보당'으로 결정했다. 이 회의에서 각 당 대표인 이정희, 유시민, 심상정이 공동대표, 강기갑이 원내대표를 맡기로 결정됐다. 불안한 동거정당이 출범한 것이다.

오세훈의 자살골과 서울시장 보궐선거
-안철수 현상, 한국 정치 태풍의 눈으로 등장하다

이명박의 한나라당정권 4년간의 피로가 쌓일 대로 쌓인 시민들은 다가오는 총선과 대선에서 투표로 심판하겠다고 벼르고 있었다. 국민들을 부자로 만들어주겠다는 '747' 선거공약(7% 성장, 국민소득 4만 달러, 7대 경제 강국)으로 권력을 거머쥔 한나라당정권이 집권 4년간 한 일은 한마디로 서민 주머니를 털어 부자 곳간을 채워준 것이었다. 게다가 4대강 사업 등 각종 토건사업에 혈세를 쏟아 부어 국고를 탕진했다. 부족한 세수는 부가세나 유류세를 올리는 수법처럼 서민 증세로 메웠다. 부자는 감세, 서민은 증세였다. 세수 부족을 메우기 위해 연말이면 박정희나 전두환 정권 때처럼 세금 징수액을 할당해 자영업자들을 쥐어짰다. 심지어 반려동물 치료에까지 부가세를 매기는 등 꼼꼼히 수탈해 갔다.

2010년 지방선거에서 야권연대의 위력을 확인한 야권도 전열을 정비하고 2012년 총선과 대선을 대비하고 있었다. 이런 가운데 2011년 10월 26일 치러진 서울시장 보궐선거는 야권이 기세를 올리는 신호탄이었다. 오세훈 한나라당 서울시장이 무상급식을 '복지 포퓰리즘'이라며 맹공을 퍼붓고 주민투표에 시장직을 거는 만용을 부렸다가 패퇴했다. 그렇게 만들어진 서울시장 보궐선거 공간에서 야권이 결집했다.

5세훈이
한나라당
자살골

가장 주목을 받은 이는 안철수였다. '청춘콘서트'로 전국을 돌며 바람을 일으키던 안철수가 가장 유력한 서울시장 후보로 떠올랐다. 더불어 '참여연대'와 '희망제작소' 등을 통해 시민운동의 리더로 이름을 떨치던 박원순도 출사표를 던졌다. 컴퓨터 바이러스 백신 프로그램인 'V3'를 무료로 배포하며 공익적 가치를 추구해온 안철수가 가진 힘은 막강했다. 그러나 그가 드러내 보인 정치관은 고대 플라톤이 꿈꾸었던 '철인 정치'를 연상시키는 것이었다. 기성 정치인들의 '갈등의 정치'는 백신을 통해 제거해야 할 그 무엇이었고, 기술관료 전문가에 의해 가장 이상적인 '솔루션'을 찾아낼 수 있다고 믿는 안철수의 정치관에는 반(反)정치의 냄새가 풍겼다.

그러나 대안을 두고 경쟁하지 않았던 기성 정치세력이 안철수의 전문가 정치를 비판할 힘은 별로 없었다. 안철수는 심지어 박원순에게 후보 자리를 '쿨하게' 양보함으로써 자리를 탐하기보다 대의에 복무하는 감동 정치까지 연출했다. 기성 정치세력은 모두 입을 닫을 수밖에 없었다. 안철수의 후광까지 업게 된 박원순의 지지율은 크게 뛰어올라 한나라당 나경원 후보를 앞섰다.

그러나 제1야당이라는 민주당이 서울시장에 후보도 출마시키지 않고 찌그러져 있을 수만은 없는 일이었다. 무소속 전문가 정치에 눌려 정당정치가 숨죽이는 상황은 분명 문제가 있는 것이었다. 민주당은 박영선 의원, 민주노동당에서는 최규엽을 후보로 내세워 박원순과 범야권 단일화 경선을 치렀다. 시민들은 제1야당 후보를 젖히고 시민후보를 선택했다. 시민후보로 범야권 단일후보가 된 박원순은 강남3구를 제외한 거의 모든 선거구에서 한나라당 나경원 후보를 압도해 서울시장에 당선되었다. 10.26 보선은 안철수 현상의 자장 안에서 치러진 선거였으며 반MB와 반정치의 거세 바람 앞에 야당을 포함한 기성정치가 맥을 못 춘 사건이었다. 비록 제1야당이라 하더라도 매력적인 대안이라고 인식되지 않는 한 쉽게 표를 주지 않는다는 것을 보여준 것이다.

10.26 서울시장 보궐선거에서 폭발하기 시작한 안철수 현상은 빛과 그림자를 동시에 안고 있었다. 안철수는 꿈을 잃어버린 청년들과 소통하며 진영을 넘어 대한민국을 다시 일으켜 세워보려는 지도자의 강림으로 받아들여졌다. 87년 체제의 낡은 대립구도를 넘어 사회경제적인 민주주의를 실현해야 한다는 강한 욕구가 안철수 현상으로 분출했다. 박근혜 대세론도 꺾일 정도였으며 여야를 막론하고 복지국가와 경제민주화를 전면에 걸지 않으면 안 되었다. 2012년 대선에서 '저녁이 있는 삶'과 같은 슬로건이 채택되는 배경이 그것이다. 안철수라는 개인이 '사회경제적 민주주의'를 대표할 정도의 기량을 가진 인물이었느냐는 문제가 되지 않는다. 우리 사회의 지각 밑에 꿈틀대는 마그마 같은 거대한 사회적 잠재의식이 안철수라는 화산을 통해 분출해 나온 것이기 때문이다.

한때 그것은 진보정당의 것이었다. 부유세를 주장하고 나온 민주노동당이 대표한 것이기도 했다. 민주노동당이 "살림살이 나아지셨습니까?"라는 서민적이며 대중적인 구호를 들고 나왔을 때 대중들은 진보정당에 대한 의구심을 풀고 거기에 호응했다. 그러나 진보정당은 종파적 삽질로 스스로 분화구를 막았고, 종북 딱지가 붙으며 이내 닫혀버렸다.

다른 한편 안철수 현상은 기성정치에 대한 부정, 정당정치의 부정으로 나타났다는 점에서 한국정치의 짙은 그늘을 보여주는 것이기도 했다. 권력으로부터 소외된 사회적 약자들이 자신의 주권을 지킬 수 있는 가능성은 정치에 있다. 그리고 현대적 정치는 탁월한 개인이 아니라 사회 계급, 계층의 요구를 대표하는 조직화된 정당이 감당해야 하는 것이다. 소위 '인민주권'은 민주주의의 확장으로부터 나오고 민주주의의 확장은 정당정치의 활성화로부터 나오는 것이다.

그러나 보수만 과대 대표된 한국정당체제는 이런 대중의 요구를 봉쇄하거나 왜곡하는 장치로 기능했다. 안철수 현상은 이런 정치를 바꾸자는 것이긴 했지만 소외된 사회세력을 대표하는 강한 정당을 통해 문제를 풀려는 문제의식보다는 공공선을 지향하는 '전문가' 정치를 지향했다. 안철수는 이후 의원 정수 축소나 기초단체 정당공천 배제와 같은 반정치적 담론을 퍼뜨리는 진원지가 되어 정치 축소에서 이익을 얻는 기득권자들의 이익에 본의 아니게 복무하게 되는 역설이 빚어졌다. 그럼에도 2012년 총선을 앞두고 안철수 '현상'은 정치를 바꿀 수 있는 가능성으로 그 위력을 유지하고 있었다.

'나는 꼼수다' 열풍
-"쫄지마! 시바"

2011년 안철수 현상과 함께 또 하나의 주목할 만한 현상은 '나꼼수 현상'이었다. 스마트폰 대량 보급을 통해 모바일 생태계가 만들어지면서 정보 소비와 유통 방식도 달라졌다. 수동적인 정보 수용자에 머물지 않고 능동적으로 정보를 수집하고 선택적으로 소비하며 정보를 공유하고 생산했다. '소셜미디어시대의 새로운 저널리즘'으로서 팟캐스트가 대안 미디어로 각광을 받았고, 이 중 '나는 꼼수다(이하 나꼼수)'라는 팟캐스트는 공전의 히트를 기록했다. '졸라'와 '쫄지마 시바'를 연발하며 금기와 성역을 가차 없이 무너뜨리는 비판에 사람들은 열광했다. '가카(이명박 대통령) 헌정방송'이라고 비틀어 표방한 '나꼼수' 열풍은 놀라운 것이었다.

여기에는 공중파에 대한 불신이 큰 역할을 했다. 한나라당 정권에 의해 KBS, MBC, YTN 경영진이 장악되었고, 공정방송을 지키려던 기자들이 거리로 쫓겨났으며 정권에 대해 비판적

쫄지마!
헌정킥
푹!

인 아이템은 철저히 차단되었다. 대중적으로 인기가 높았던 손석희, 정관용, 김제동, 김미화, 윤도현같이 정권의 입맛에 맞지 않는 이는 쫓겨났다. 권력이 말길을 막은 것이다. '나꼼수'는 국민 2천만이 스마트폰을 사용하는 SNS시대에 생겨난 새로운 말길이었다. 나꼼수 청취자들은 '기존 언론이 전하지 않는 부분을 보도하기 때문'에 나꼼수를 듣는다고 대답했다.

2011년 12월 1일, MBN이 여론조사기관 '엠브레인'에 의뢰해 전국 만 19세 이상 59세 이하 1천 명을 대상으로 실시한 '언론에 대한 신뢰도' 측면 조사 결과에 따르면 나꼼수의 신뢰도는 40%로, 조중동 17.2%를 두 배 이상 앞섰다. 나꼼수는 서울시장 보궐선거에서 '선관위 디도스 공격'으로 알려져 있던 걸 파고들어 여당 소행이라는 걸 밝혀낸 것뿐만 아니라 이명박의 내곡동 사저 의혹을 처음 터뜨리는 등 특종 제조기로서 저력을 과시했다. 이렇게 되자 나꼼수가 터뜨린 특종을 제도 언론이 받아서 보도하는 현상마저 생기기 시작했다. 대안 미디어가 기성 미디어를 이끄는 상황이었다. 나꼼수의 참다운 미덕은 강한 오락성을 가진 본격적인 정치토론 방송이라는 점이었다. 정치는 재미없는 것이 아니라 열정을 갖고 참여해야 할 그 무엇이라는 자각을 불러일으키는 데 나꼼수의 역할은 비할 바 없이 컸다.

나꼼수의 영향력이 커지면서 다양한 비판도 제기되었다. 2011년 12월 29일 서울에서 열린 나꼼수 콘서트는 '폭로 저널

리즘'으로 공격받았다. 이명박 대통령과 부적절한 관계를 암시하는 '에리카 김'의 녹취록 공개와 혼외자녀를 암시하는 '눈 찢어진 아이'에 관한 언급은 위험수위를 넘나들었다. 근거도 불명확한 '그 아이'가 입을 인권 침해 요소를 걸러내지 못하는 것도 문제였다. 나꼼수 스스로 주류문화에 도전하는 B급 문화임을 표방하고 있었지만 그것이 주류문화를 위협할 정도로 성장하면서 제기될 수밖에 없는 문제이기도 했다. 큰 힘에는 큰 책임이 따른다. 민주통합당이 나꼼수 효과를 이용해 나꼼수 프로듀서 김용민을 정봉주 전 의원의 지역구인 노원을구에 전략공천한 것은 오히려 민주통합당의 발목을 잡는 악재가 되어버렸다. 보수진영에서는 기다렸다는 듯이 김용민의 과거 막말 전력을 폭로하면서 공격했다.

그간 나꼼수에 속수무책으로 당하기만 하던 보수진영이 문화적 탈권위시대로 진입이 지체되어 있던 한국 정치의 허위의식을 십분 활용하면서 융단폭격을 퍼부어댔다. 나꼼수는 온라인에서 강력한 매니아층을 결집시키긴 했지만 오프라인에서는 정치적 보수주의 벽을 넘어서지 못했다. 그러나 그것은 나꼼수라는 매체가 가진 한계라기보다 나꼼수의 맹활약에도 불구하고 대안을 제시하지 못하는 야당 정치의 무능과 무기력의 문제였다. 나꼼수는 2012년 12월 19일 대선을 하루 앞두고 "미래를 위해, 무엇보다 여러분 자신을 위해 투표해 달라. 아는 이들 모두에게 이번만은 투표해 달라고 하라"는 마지막 방송을 내보내고 막을 내렸다. 나꼼수의 영향은 그 후로도 정치 시사 팟캐스트가 만개하는 토양을 제공했으며 역설적으로는 보수적 종합편성채널까지 나꼼수를 반면교사로 삼아 보수적 지지층을 결집시키는 시사프로그램을 양산케 하는 계기가 되었다.

4.11 총선 야권연대 패배

-통합진보당은 17대 민주노동당보다 낮은 10.3% 득표

2012년 4.11 총선은 새누리당을 과반 의석에서 밀어내고 야권이 정국 주도권을 쥐는 것이 목표였다. 이를 위해 통합진보당 이정희 공동대표와 민주통합당 한명숙 대표는 2012년 3월 10일 선거연대에 합의했다.

그러나 야권연대는 불완전한 것이었다. 선거연대 논의에서 빠진 진보신당이 독자 노선을 고수했기 때문이다. 사단은 경남에서 났다. 창원을에서 손석형이 명분 없이 도의원을 중도 사퇴하고 통합진보당 후보로 총선 출마를 강행하면서 진보신당과의 경남지역 선거연대 논의가 꼬였다. 진보정당의 대중적 기반인 노동세력도 분열했다. 이런 갈등은 창원갑 문성현 후보, 거제 김한주 진보신당 후보 등 경남 전역에, 심지어 울산에까지 영향을 끼쳤다.

댕강!
야권연대
보검 좋아하네
새누리방패

그 외에도 통합진보당 내부에서는 여전히 특정 정파의 패권적 모습이 여과 없이 드러나며 당원 사기를 떨어뜨리고, 노동자들로부터 외면을 받는 일들이 속출했다. 일례로 울산에서는 북구의 터주 조승수 현역 지역구 의원을 남구로 날려버리고 그 자리에 김창현 전 동구청장을 꽂는가 하면 동구에서는 이은주 도의원이 중도 사퇴해 총선후보로 출마하면서 비호감으로 낙인찍혔다. 당 내 이른바 '울산연합세력'의 패권적 행태에 노동현장은 싸늘하게 식었다. 결국 진보정치 1번지라는 울산과 창원에서 진보정당 후보들은 공멸하고 말았다.

그뿐이 아니었다. 비례후보 경선 과정의 부정 의혹과 이정희 대표의 관악을 여론조사 조작 문자 파동, 성남중원 성추행 의혹 후보 교체 등 패권정파의 과도한 욕심이 빚어낸 악재들로 통합진보당에 대한 지지율은 정체에서 벗어나지 못했다.

그 결과 통합진보당은 지난 17대 총선에서 민주노동당이 얻은 13% 득표율에도 못 미치는 10.3%로 주저앉았다. 야권연대로 얻은 지역구 7석이 그나마 체면을 세워주었으나 총 13석에 그쳐 원내교섭단체라는 야심찬 목표도 물거품이 되었다. 민주통합당도 127석에 그쳐 통합진보당을 포함해 야권 의석을 다 합쳐도 140석에 불과했다. 반면 152석을 얻은 새누리당은 과반 의석을 고수했다. 이후 자유선진당까지 흡수해 의석수는 157석으로 늘었다. 쓰나미처럼 몰려오던 반MB의 거센 파도를 붉은 색의 '새누리당'으로 갈아입은 박근혜 대표체제가 성공적으로 물리친 것이다. 지방선거와 10.26 서울시장 보궐선거로 승승장구해오던 야권연대는 꺾였다.

야권의 패배는 변신에 성공한 새누리당의 승리라는 측면보다 야권연대 말고는 보여준 게 없는 야권의 패배라는 측면이 강조되었다. 사실 10.26 보궐선거도 엄밀히 말하면 박원순의 승리였지 민주당은 외면당한 선거였다. 그럼에도 민주당은 시민사회세력을 수혈해 민주통합당으로 덩치만 부풀렸지 야권을 지지하는 유권자를 사로잡을 만한 비전을 제시하지 못했을 뿐만 아니라 공천 과정의 불투명성, 후보 자질 시비 등 구태를 반복함으로써 야권 지지자들을 등 돌리게 만들었다.

통합진보당의 내파(內破)

-비례대표 경선 부정과 중앙위 폭력사태

2012년 4.11 총선이 끝나자마자 통합진보당은 비례대표 경선 부정 시비로 수렁에 빠져들었다. 시민사회의 외부 인사를 영입한 개방형 명부를 제외한 나머지 경쟁 명부 비례대표 순번은 당원 투표로 결정되었다. 다른 정당에 비해 높은 수준의 당내 민주주의를 제도화 한 정당이 통합진보당이었으나 과도한 정파 경쟁과 부실한 선거관리가 화근이었다.

총선 비례후보 부정 경선 시비는 선출과정에서부터 불거졌다. 그러나 선거가 워낙 임박해 있는 상황이어서 진상조사를 선거 이후로 미룬 채 선거를 치렀다. 총선 후 진상조사를 통해 비례후보의 귀책사유나 순번 변화에 영향을 미치는 정도의 문제가 드러나면 의원직 사퇴를 포함해 책임진다는 전제하에서 비례후보 선출에 관한 온라인과 오프라인 자료를 모두 봉인하고 부정투표 논란 진상조사가 끝날 때까지 보관하기로 했다.

그것은 당을 내파시킨 시한폭탄이었다. 선거가 끝난 직후 4월 12일 통합진보당 제27차 공동대표단 회의 결정에 따라 조준호 공동대표를 단장으로 하는 진상조사단을 꾸려 조사에 착수했다. 5월 2일 발표된 진상 조사 결론은 '총체적 부실/부정이 있었다'는 것이었다. 기성 정당에 비해 상대적으로 깨끗할 것으로 기대했던 진보정당에서 부정경선이 있었다는 사실이 알려지자 국민들은 충격을 받았다. 통합진보당은 혼란에 빠졌고 국민 여론도 악화되었다. 국회라는 국민의 대의 기관에 파견할 대표가 부실, 부정 경선을 통해 선출되었다는 것은 단순히 당 내 문제에 그치는 것이 아니었다. 전국여성농민회총연합 회장인 비례 1번 윤금순 당선자는 5월 4일 "비례대표 경선 파문으로 국민 여러분들께 실망과 걱정을 끼쳐 매우 송구스럽고 부끄럽게 생각한다"며 "비례대표 당선자로서 함께 책임을 지겠다"고 밝히고 사퇴했다. 이튿날인 5월 5일 통합진보당은 전국운영위원회를 개최해 부정 경선 파문의 수습책으로 당 지도부

와 비례대표 당선자 및 후보에게 동반사퇴를 권고하기로 의결했다.

그러나 비례 2번인 이석기 당선자와 비례 3번 청년 비례대표 김재연 당선자는 사퇴를 거부했고, 이정희 공동대표를 비롯한 이른바 '당권파'들은 진상조사 보고서 자체가 부실하다며 엄밀한 재조사를 요구했다. 사퇴를 권고한 전국 운영위원회의 문제의식은 설령 당선자들이 직접 부정경선에 관여한 것이 아니었다고 하더라도 당의 선거관리가 부실했고 일부에서 저질러진 부정에 대해서는 '읍참마속' 방식으로 국민을 향해 정치적 책임을 지는 모습을 보여야 한다는 것이었으나 당권파는 비례 후보의 귀책사유나 순번 변화에 영향을 미치는 정도의 문제였는지 불명확한 채 사퇴할 수는 없다는 것이었다. 그러나 진상조사단의 판단은 대리투표와 동일 IP 중복투표 등이 광범하게 드러났을 뿐만 아니라, 분명한 무효표를 유효표로 처리한 경우, 선관위원이나 참관인이 입회하지 않은 상태에서 개표하는 등의 투개표 관리의 부실만으로도 투표 결과의 신뢰성을 확보하기 어렵다는 것이었다. 더군다나 전국 운영위의 사퇴 권고 전에 스스로 거취를 깨끗하게 결정해버린 비례 1번 윤금순 당선자의 사퇴는 당권파의 주장을 무색하게 했다.

이정희 공동대표를 비롯한 당권파가 진상조사 보고서를 신뢰할 수 없다고 반발하면서 통합진보당 부정 경선 파문은 당권파와 비당권파의 대립 양상을 띠게 되었다. 당권파는 부정경선에 대한 당의 대국민 사과 문제를 당권을 둘러싼 경쟁구도인 양 프레임을 바꾸어버린 것이다. 그것은 정파의 이익을 위해 당을 희생시키는 또 다른 패권주의적 태도에 다름이 아니었다. 이렇듯 부정 경선에 대한 사후 처리가 깔끔하게 매듭지어지지 않자 언론은 유례없이 많은 보도를 매일 토해내며 통합진보당을 민주주의조차 제대로 못하는 정당이라고 비판했고 여론은 통합진보당에 빠르게 등을 돌렸다.

이런 가운데 5월 12일 개최된 중앙위는 당권파에 의한 조직적 의사 방해와 폭력으로 얼룩졌다. 진보정당 초유의 사태였다. 쟁점 논의는 시작도 하지 못하고 정회가 선언되었으나 이튿날 전자회의를 속개해 비례대표 사퇴 결의안을 가결하고 강기갑 원내대표를 비상대책위원장으로 선출하고 대표단은 총사퇴했다. 그러나 당권파는 속개된 전자회의가 무효라고 주장했고, 이석기, 김재연 당선자 또한 사퇴를 거부함으로써 갈등은 지속되었다. 민주노총은 5월 17일 중집에서 이석기, 김재연 의원의 제명을 염두에 둔 '조건부 지지 철회' 결정을 내렸다. 통합진보당 혁신의 시금석이 두 의원 제명이라는 뜻이었다. 통합진보당 서울시당 당기위는 중앙위원회의 결의를 거부한 이석기, 김재연 의원과 비례후보였던 조윤숙, 황선 당원을 제명 결정했고 6월 29일 중앙당기위원회는 제명 결정에 반발한 피제소인들의 이의신청을 기각해 최종적으로 제명 처리했다. 중앙당기위는 "진상조사 과정에 일부 미흡한 부분이 있다고 하더라도 문제된 비례대표 후보 선거는 정당성과 신뢰성을 잃었다고 판단하기에 충분하며 이를 근거로 전국운영위와 중앙위가 '순위경쟁명부 비례 당선자와 후보자 총사퇴'를 결정한 건 당의 합당한 결정이며 당원이라면 거역할 수 없는 당명"이라고 판단했다. 다만 현직 국회의원은 정당법 제33조에 따라 의원총회를 거쳐 당 소속 국회의원 과반의 찬성으로 제명해야 법적인 의미의 제명이 완료된다. 통합진보당 의원총회라는 마지막 관문이 남은 셈이었다.

당권파와 혁신파 간의 갈등이 지속되는 가운데 7월 15일 치러진 당대표 선거에서 혁신파를 대표하는 강기갑 비대위원장이 당대표로 선출되었다. 강기갑 대표는 혁신을 바라는 당심과 민심이 다르지 않다며 중단 없는 혁신을 선언했다. 강기갑 대표는 당원 총투표에 자신의 거취를 맡기겠다던 두 의원이 대승적으로 결단해줄 것을 촉구했다. 그러나 두 의원은 자신들에 대한 사퇴 요구가 부당한 공격이라며 요지부동이었다. 설득과 호소로 해결될 문제가 아니었다. 이제 실탄은 딱 한 발, 의원 총회에서 두 의원을 제명하는 것이 그것이었다. 그러나 7월 26일 개최된 통합진보당 의원총회에서 김제남 의원이 기권하면서 이석기, 김재연 의원의 제명이 부결되었다. 이로써 통합진보당 자력에 의한 혁신은 물 건너가 버렸다.

8월 14일 민주노총도 중앙집행위원회를 열어 장장 10시간 격론 끝에 그간의 배타적 지지를 완전히 거두어 들였다. 통합진보당 진성당원 7만 5천여 명 가운데 3만 5천여 명이 민주노총 조합원이었으니 민주노총의 지지 철회는 통합진보당 최대의 지지기반을 상실한다는 의미였다. 이어서 농어민, 빈민의 지지 철회가 이어지며 통합진보당의 조직 기반은 허물어졌으며 민주당 또한 통합진보당과의 야권연대를 파기했다. 연말 대선이 다가오고 있는 상황에서 통합진보당의 이 같은 장기 파행은 야권 전체에 부정적 영향을 미쳤으며 새누리당에게 좋은 공격의 빌미를 제공했다.

물과 소금까지 끊는 단식을 통해 마지막 호소를 하던 강기갑 대표도 9월 10일 "이제 지푸라기 같은 한 가닥 희망의 끈마저 끊어져버리고 분당이라는 산사태가 덮쳐오는 이 순간, 쓰라린 분열의 아픔을 딛고 새로운 진보의 길을 떠나지 않을 수 없는 순간임을 잘 안다"고 밝히며 혁신모임의 신당 창당에 대한 지지를 표시하고 자신은 통합진보당 탈당과 동시에 정계은퇴를 선언했다.

4부

정의당이 바꾸고 싶었던 세상

노회찬의 '6411번 버스' 연설

–존재했지만 보이지 않는 진보정당에 대한 성찰

2012년 비례대표 경선 부정과 중앙위 폭력사태로 진보정당에 대한 국민들의 신뢰가 바닥으로 추락한 상황에서도 통합진보당을 혁신하고자 했던 이들은 마지막까지 당 안에서 문제를 풀어보려고 했다. 혁신 없이 한 발짝도 나아갈 수 없다는 것이 혁신을 요구한 이들의 대체적인 판단이었다. 게다가 이명박의 한나라당 정권 5년을 마감하고 정권교체로 나아가기 위한 2012년 대통령선거가 코앞으로 다가오고 있었다.

통합진보당의 혁신은 비단 진보정치세력 내부의 문제였을 뿐 아니라 진보 개혁 진영의 대선 승리를 위해서도 피해 갈 수 없는 문제였다. 그러나 강기갑의 혁신비대위가 요구한 이석기, 김재연 비례대표의 사퇴는 세칭 '경기동부연합'이라는 당권파에 의해 거부되었다. 그후 당대표 선거에서 강기갑 후보가 당원들의 선택을 받은 상황에서조차 패권 정파의 입장은 흔들리지 않았다. 결국 혁신을 요구한 이들이 선택할 수 있는 것은 통합진보당과의 결별이었다.

2012년 통합진보당으로부터 떨어져 나와 새로운 대중적 진보정당을 창당하려는 사람들은 창당 추진 단계에서 자신의 정체성을 분명히 드러냈다. 그해 9월 27일 새진보정당추진회의는 함께 걷는 생활진보의 첫 번째 프로젝트로 서울 대한문 앞에서 쌍용자동차 해고자 문제 해결을 위한 '의자를 늘립시다' 라는 이름의 캠페인을 진행했다. 이 캠페인은 쌍용자동차 대량 해고 사태를 르포로 기록한 공지영의 『의자놀이』에서 착안된 것이었다. 의자놀이는 놀이에 참여한 사람 수보다 적은 의자를 두고 돌다가 휘슬이 울리면 서로 의자를 차지하는 경쟁 놀이다. 의자를 차지하지 못한 사람은 탈락한다.

쌍용자동차의 정리해고는 노동자들 사이의 일자리 경쟁으로 '죽은 자'(해고자)와 '산 자'가 나뉘고, 산 자는 죽은 자를 멀리하고 죽은 자는 산 자를 증오하는 노동자들 사이의 반목으로까지 이어진 잔인한 게임이었다.

새진보정당추진회의는 기존의 진보정당들이 논쟁하던 '좌파'적 지향성 이전에 현실에서 고통받고 있는 이들 곁으로 더 가까이, 더 아래로 다가가는 '저파(低派)'적 실천으로 자신의 존재 이유를 밝히고자 한 것이다.

2012년 10월 21일 '진보정의당' 창당대회에서 노회찬은 공동대표직을 수락하면서 그 유명한 6411번 버스 연설을 한다. "오늘 우리가 함께 만들어가는 이 진보정의당은 대한민국을 실제로 움직여온 수많은 투명인간들을 위해 존재할 때만이 그 일말의 의의를 확인할 수 있을 것입니다. 사실상 그동안 이런 분들에게 우리는 투명정당이나 다름없었습니다. 정치한다고 목소리 높여 외쳐왔지만 이분들이 필요로 할 때 이분들의 손이

닿는 거리에 우리는 없었습니다. 존재했지만 보이지 않는 정당, 투명정당. 그것이 이제까지 대한민국 진보정당의 모습이었습니다. 저는 이제 이분들이 냄새 맡을 수 있고, 손을 잡을 수 있는 곳으로 이 당을 여러분과 함께 가져가고자 합니다. 여러분 준비되셨습니까?"라고 물었다.

이날 노회찬 대표가 했던 '6411번 버스'에 관한 연설은 분열의 상처로 지칠 대로 지친 당원들의 마음을 어루만지고 진보정당이 존재해야 할 이유를 분명히 보여주고 있었다. 여전히 진보정치에 의지할 수밖에 없는 수많은 약자들에게 더 가까이, 더 아래로 내려가는 진보정당을 만드는 일이 곧 진보정당의 혁신이었다.

땀과 생명의 정의

-심상정, 또 한 번 완주가 불가능한 후보라는 짐을 지다

진보정의당을 준비하는 사람들은 2012년 18대 대선 참여 여부를 두고 고민에 빠졌다. 통합진보당 사태에 대해 함께 책임을 지고 자숙하는 모습을 보여야 하는 것 아니냐는 주장과 새로운 대중적 진보정당의 존재를 국민들 앞에 드러내고 심판을 받는 것이 오히려 책임 있는 공당의 자세라는 주장. 두 문제의식 모두 나름의 타당성을 갖고 있었다. 진보정의당의 대선 후보로 호명된 심상정 의원의 고민도 다르지 않았다. 결론은 진보정의당이 자신의 당파적 이익을 넘어 정권교체라는 엄중한 시대적 요구에 헌신적으로 복무하는 자세로 대선에 임한다는 것이었다.

심상정 의원은 10월 14일 청계천 전태일 동상 앞에서 다음과 같이 자신의 심경을 밝히고 엄숙히 선언했다. "지난 몇 달간 진보정치의 미숙함으로 국민께 큰 실망을 드렸고, 출마를 결심하기까지 적지 않은 고민의 시간을 보냈다… 이번 대선에서 진보의 가치와 정책을 중심으로 진보적 정권교체를 위한 연대를 선도하겠다."

그렇게 심상정은 완주가 불가능한 대선 후보라는 무거운 짐을 짊어졌다. 그럼에도 불구하고 심상정은 내색할 수 없었다. 오히려 의연하게 독배를 들었다. 10월 21일 진보정의당 창당대회에서 대선후보 수락 연설을 한 심상정 대선후보는 당원들에게 자신감을 갖자고 호소했다.

"우리는 정치적 특권 폐지를 말하기에 앞서 특권과 맞서 싸워온 사람들이다. 복지를 선언하기에 앞서 지난 10여 년간 복지의 기초를 만들어온 사람들이다. 경제민주화를 선언하는 사람들에 앞서 이미 민생경제에 헌신해온 사람들이다. 우리에게 필요한 것은 선거를 치르기 위한 조직과 돈 이전에 우리의 삶과 역사에 대한 자부심, 우리가 믿고 실천해온 진보적 가치에 대한 확신, 노동자 서민, 여성과 사회적 약자, 빈민과 영세자영업자들의 입이 되고자 했고 팔뚝이 되고자 했고, 튼튼한 두 다리가 되고자 했던 삶이었다.”

국민들은 이명박의 한나라당정권 5년 동안 충분히 시달렸다. 아침에 눈을 뜨기가 두려웠다. 4대강 삽질, 용산참사, 언론장악과 종편 허용, 민간인 사찰, 제주도 강정마을 해군기지 건설 등 뉴스 보기가 겁이 날 정도였다.

5년 동안 스트레스 지수를 최고 수준으로 꽉 채우면서 기다렸던 18대 대선이었다. 심상정은 정권교체의 열망이 분출하는 2012년 18대 대선에서 진보정의당 후보로 진보의 목소리를 전하기 위해 고군분투했다. 심상정은 ‘땀과 생명의 정의’가 실현되는 대한민국 만들기라는 과제를 분명히 제시했다. 그리고 진보적 정권교체가 이루어지면 이명박 대통령이 국정조사의 첫 번째 증인이 될 것이라고 각을 세웠다.

한나라당 정권의 대표적인 실정과 학정에 대해 심상정 후보는 다섯 가지를 들었다.

첫째가 4대강 사업, 그것은 22조 2천억의 혈세를 빨아먹고 또 얼마나 더 쏟아부어야 할지 알 수 없는 천문학적인 예산 낭비의 사례였다. 입찰비리와 재벌특혜로 얼룩지고, 강유역의 난개발과 대규모 환경파괴로 이어졌다.

둘째는 용산참사를 불러온 전국적인 뉴타운 개발극, 그것은 자기 땅에 뿌리 내리고 사는 ‘서민을 청소하는 사업’이었다. 대형건설사가 중심이 되어 조합과 행정기관 유착으로 폭리를 취하면서 소유자는 빚더미에 앉히고 세입자는 쫓아내는 공동체 파괴의 약탈극이었다.

셋째는 부자감세, 그것은 이명박 자신을 위한 감세였다. 논현동 자택의 종부세는 4천500만 원에서 497만 원으로 떨어졌다. 강남3구와 분당 부동산 부자에게 8천억의 맞춤형 감세를 해줬고, 재벌 대기업에게 8조 5천억의 부동산감세 혜택을 주었다. 이런 가운데 지방재정은 악화되었고 보육예산은 고갈되었다.

넷째는 일자리 파괴와 노동 탄압, 이명박 정권은 3백만 개 일자리 창출을 공약했으나 값싼 비정규직만 늘었으며 이에 저항하는 노조를 파괴하고 노동조건을 악화시켰다. 이른바 '비즈니스 프렌들리'의 이름으로.

다섯째는 중소기업과 골목상권 생태계의 파괴, 한나라당 정권하에서 10대 재벌의 문어발은 270개로 늘었으며 중소기업 적합 업종을 깡그리 무시하고 골목 빵집까지 치고 들어와 골목상권을 완전히 파탄 냈다. 아울러 원하청 불공정거래로 중소기업의 목줄을 조였다.

심상정은 선거운동 기간 내내 대한문 앞 쌍용차 해고노동자들의 농성장을 비롯해 피눈물을 흘리는 비정규직 노동자들의 투쟁 현장과 서민들의 고달픈 삶의 현장들을 돌보며 '땀의 정의'를 실현하기 위해 이명박 정권의 실정과 학정을 넘어서는 대안을 제시하는 지도자가 필요하다고 역설했다. 그러나 이 싸

움은 여전히 외롭고 힘든 싸움이었다.

18대 대선 투표용지엔 심상정의 이름이 없었다. 후보 등록 마지막 날인 11월 26일, 대선 후보직에서 사퇴했기 때문이다. 심상정 후보는 사퇴 기자회견에서 "저의 사퇴가 사실상 야권의 대표주자가 된 문재인 후보를 중심으로 정권교체의 열망을 모아내는 계기가 되길 바란다"고 밝혔다.

일부 언론에서 분석하듯이 안철수 무소속 후보의 사퇴로 대선 구도가 박근혜 대 문재인 구도로 굳어진 상황에서 소위 존재감이 약한 '군소 후보'가 정권교체라는 야권 지지자들의 열망을 외면하기 어려웠기 때문이기도 하다. 그러나 꽤 많은 당원과 지지자들은 본선에까지 뛰어들어 단순한 '정권교체'가 아니라 진보적 가치라는 플러스알파를 끌어내는 역할을 하며 진보정의당의 존재감을 드러내길 바랐다.

심상정은 사퇴 기자회견 도중 몇 차례나 목이 메어 말을 잇지 못했다. 특히 철탑에 매달린 현대차 비정규직, 쌍용차 해고노동자, 유성기업 노동자들을 부를 때는 북받쳐 오르는 설움을 이기지 못해 목이 갈라지기도 했다. 그들이 눈에 밟혀 차마 떠나기 힘들어 하는 모습이 역력했다. 심상정은 "대통령 후보로서 저의 역할은 여기서 끝나지만 노동권 강화와 정치개혁을 향한 저와 진보정의당의 노력은 진보적 정권교체를 위한 정책연대를 통해 계속될 것"이라고 약속하면서 "그동안 우리 정치에서 선거 때마다 반복돼온 후보 단일화를 위한 중도사퇴는 이제 제가 마지막이 되어야 한다"고 강조하며 회견을 마무리했다.

심상정 후보 사퇴 소식이 알려지자 문재인 후보도 "정권교체와 새로운 정치를 위한 결단이자 헌신으로 생각하며 함께 최선을 다해, 반드시 승리하겠다"는 입장을 밝혔다. 아울러 "이제 범야권이 하나로 뭉치게 됐다"면서 심 후보 측이 제안한 정책연합에 대해 "성의 있게 적극 검토하겠다", "심 후보와 조만간 만나겠다"고 밝혔다.

심상정이 떠난 후에도 진보 후보는 셋이나 남았다. 본선에 진출한 7명의 대선 후보 중 3명이 이른바 진보 후보였다. 저마다 나름의 이유를 갖고 있었지만 국민들의 마음을 울리기엔 역부족이었다. 통합진보당 이정희 후보는 "박근혜 후보를 떨어뜨리기 위해 나왔다"는 도끼 같은 말을 남김으로써 오히려 보수 결집을 부채질하는 효과를 낳았다. 진보신당의 김순자 후보는 청소노동자도 대통령후보가 될 수 있다는 걸 보여주었으며, 김소연 금속노조 기륭전자 분회장은 '무너진 현장'을 일으켜 세우겠다는 포부만을 밝혔을 뿐이다. 그뿐이었다.

어찌 보면 2012년 대선에서 진보 정치세력이 보여준 모습은 한마디로 지리멸렬이라고 할 수도 있었다. 진보 분열의 전시장 같은 대선에서 이정희 후보는 투표일을 사흘 앞두고 사퇴함으로써 국고보조금 27억 먹튀 논란을 낳았고, 마지막까지 완주한 김순자, 이소연 후보의 득표율 합은 0.2%로 기대에 크게 못 미쳤다

“박근혜가 대통령 되고 5년을 또…”

최강서의 죽음으로 시작된 보수정권 연장

18대 대선이 끝나자마자 두 명의 노동자가 잇따라 스스로 목숨을 끊었다. 2012년 12월 21일 금속노조 한진중공업지회의 조직차장 최강서 씨는 “태어나 듣지도 보지도 못한 돈 158억. 죽어라고 밀어내는 한진 악질자본. 박근혜가 대통령되고 5년을 또… 못하겠다”는 유서를 남기고 노조사무실에서 목을 맸다. 그다음 날은 현대중공업 사내하청지회 초대 조직부장이었던 비정규직 노동자 이운남 씨가 아파트에서 몸을 던졌다.

진보개혁세력 대선패배의 충격은 이렇게 잔인하게 시작되었다. 최강서 씨는 민주노조의 목줄을 죄고 있는 손해배상액 158억에 짓눌려오면서도 대선에 실낱같은 기대를 가졌을 것이다. 그러나 진보개혁세력이 패배하고 한진중공업 조남호 회장 같은 악질 자본가의 편인 박근혜 보수정권이 연장되는 걸 보자 희망의 끈을 놓아버렸다.

한진중공업은 2011년 정리해고를 둘러싼 갈등으로 김진숙 민주노총부산본부 지도위원이 85크레인에 올라 장장 309일간의 고공농성을 진행했고, 5차에 걸친 희망버스로 수만 명의 노동자와 시민들을 실어 나르며 조남호 회장을 국회 청문회 자리에 불러낸 역사를 갖고 있다. 자본가 한 명을 청문회에 불러내기가 이리도 어렵다는 걸 보여준 비즈니스 프렌들리의 나라에서 정리해고자들을 1년 후 재고용하는 조건으로 가까스로 타결되었다. 그러나 1년 후 92명의 정리해고자들은 복귀하자마자 '강제휴업'을 당했고, 회사는 금속노조 한진중공업지회를 상대로 158억원 손해배상청구 소송을 걸었던 것이다.

진보정의당은 2013년 1월 5일 'AGAIN 희망버스-다시 희망 만들기'의 발을 떼었다. 당 지도부와 전국 각지의 당원들이 대한문 앞 쌍용차 해고자 농성장에서 출발해 울산 현대차 철탑 농성장을 거쳐 부산 한진중공업 최강서 씨 영전에 꽃을 바치며 좌절 금지를 다짐하고 당원들의 자발적 성금으로 모은 '희망미' 300kg를 전달했다.

그러나 진보정의당 지도부의 마음은 무거웠다. 노조의 파업권을 손해배상과 가압류로 묶어버리는 노동 후진국에서 '정리해고는 파업의 대상이 될 수 없다'는 법원의 입장을 바꾸라는 진보정의당의 외침은 무시되었다. 영국 노동자들이 정치세력화로 나아간 계기가 파업에 손해배상을 때린 1900년 태프-베일 철도노조에 대한 판결이었다는 얘기는 그저 남의 나라 역사에 불과한 것 같았다. 파업권이 무력화되는 태프-베일 판결 이후 노동당 맥도널드 당수의 당원가입 서한에 호응해 몇 개월 만에 노동당에 가입한 조합원 수는 10만 명이 넘었고 1년 후에는 20만이 넘었고, 1903년엔 85만 당원을 거느린 거대정당으

로 자라나 창당 6년 만에 29명의 의원을 당선시킨 것이다. 이 모든 것이 노동기반의 대중정당을 지향하는 진보정의당에겐 그림의 떡에 불과했다.

노회찬, 심상정이 얼굴에 최루액을 맞으며 함께 싸우는 헌신을 보여도 노조는 그것으로 조합원들을 움직일 생각을 하지 않는다. 기업별로 파편화된 노동조합과 낮은 조직률, 그리고 진보정당에 대한 노조활동가들의 불신이 노동 스스로의 자존감을 낮추고 있었다.

삼성X파일 '떡검' 실명 폭로한 노회찬, 국회의원직 상실

2013년 2월 14일 진보정의당 노회찬 공동대표가 국회의원직을 상실했다. 19대 국회에 당당하게 입성한 노회찬 의원의 배지를 떼어버린 것은 유권자들이 아니라 사법 정의의 최후 보루라는 대법원이었다. 대법원은 삼성X파일에 언급된 떡값 검사들의 실명을 밝히며 검찰수사를 촉구한 노의원에게 징역 4개월에 집행유예 1년, 자격정지 1년형을 선고했다. 통신비밀보호법을 위반했다는 것이다.

삼성X파일은 1997년 대선을 앞두고 삼성 이건희 회장의 지시로 이학수 부회장과 중앙일보 홍석현 회장 등이 주요 대선 후보와 정치인, 검사 등에게 불법으로 뇌물 전달을 모의하는 과정이 담긴 녹취록이다. 정 · 관계를 비롯해 언론, 검찰 등에 검은 돈을 뿌려 삼성 장학생으로 매수하는 범죄기록이 생생하게 담겨 있으며 돈을 전달받은 이들의 실명이 고스란히 담겨 있어 대한민국을 발칵 뒤집어놓았다. 당시 법무부장관은 이 사건을 건국 이래 최대의 정 · 경 · 검 · 언 유착 사건이라고 개탄했고 미국대사로 나가 있던 홍석현 회장과 이상희 법무부 차관이 사임했다.

그러나 뇌물을 준 사람이나 받은 사람은 누구 하나 기소되지 않았고, 이를 폭로한 이상호 MBC 기자와 검찰 수사를 촉구한 노회찬 의원이 기소되는 적반하장의 상황이 연출되었다. 도둑놈을 잡아야 할 검찰이 도둑놈을 신고한 선량한 시민을 오히려 기소한 꼴이었다. 대법원은 삼성X파일이 보호받아야 할 사적인 통신비밀이며 이것을 국민들에게 알린 것이 유죄라고 판단했다. 대법원은 대선후보에게 거액의 불법 정치자금을 건넨 것이 '공공의 비상한 관심사'가 아니라고 나 홀로 눈감은 까투리 우는 소리를 내며, 스마트폰으로 보도자료를 배포하면 면책특권이 되는데 인터넷을 통해 공개하면 유죄라는 해괴한 법리를 들이댔다.

노회찬 의원은 "대법원이 누구의 이익을 보호하고 있는지? 한국 사법부에 양심이 있는지?"를 물었다. 삼성그룹 왕회장의

삼성 X 파일

권력에 눌려 가해자와 피해자를 뒤바꿔놓은 판결에 대해 노회찬 대표는 "오늘의 대법원 판결은 최종심이 아닙니다. 국민의 심판, 역사의 판결이 아직 남아 있습니다. 오늘 대법원은 저에게 유죄를 선고하였지만 국민의 심판대 앞에선 대법원이 뇌물을 주고받은 자들과 함께 피고석에 서게 될 것입니다. 법 앞에만 명만 평등한 오늘의 사법부에 정의가 바로 설 때 한국의 민주주의도 비로소 완성될 것입니다"라고 말했다. 그리고 "국민들이 저를 국회의원으로 선출한 것은 바로 그런 거대권력의 비리와 맞서 싸워서 이 땅의 정의를 바로 세우라는 뜻이었기 때문입니다"라며 삼성X파일과 같은 사건이 다시 자기 앞에 온다 하더라도 똑같이 행동할 것이라고 밝혔다.

진보정의당은 소중한 국회의석 한 석을 잃었을 뿐만 아니라 공무 담임의 '자격정지 1년'까지 더해져 공동대표 지위와 당원 자격까지 잃었다. 그러나 이런 일들이 '정의의 호빵맨' 노회찬을 굴복시킬 수는 없었다.

민심을 배반하는 낡은 선거제도 개혁을 외치다

-지역주의 투표는 왜곡된 선거제도의 결과물일 뿐

진보정의당은 존재하지만 마치 존재하

지 않는 '유령' 취급을 받았고, 원내 소수 정당이라는 이유로 거대 정당의 틈바구니에서 정치적 '을'의 지위를 강요당해왔다. 그래서 진보정의당은 정치의 세계에서 유령이고 을이었다. 당연히 정의당의 '존재 이유'는 유령의 존재를 찾아주는 것이고 갑질 횡포에 맞서는 을의 목소리를 대변하는 것이었다.

그러나 오랜 퇴적물처럼, 혹은 화석처럼 눌어붙어 있는 보수 양당체제에서 진보정의당은 좀처럼 변화의 기포를 일으킬 수 없었다. 국민들이 염증을 느끼고 있는데도 양당체제가 공고히 유지되는 것은 유권자들의 선택을 왜곡시키는 선거제도가 큰 구실을 하고 있었다. 흔히 '지역주의적 투표 행태'가 한국정치를 가장 큰 문제라고 얘기하지만 그것은 어디까지나 왜곡된 선거제도와 그로부터 고착된 보수 양당 정당체제가 빚어낸 결과물이지, 지역주의 자체가 정치 왜곡의 원인은 아니다.

실례로 새누리당이 의석을 거의 싹쓸이한 부산과 경남에서 새누리당의 지지율은 60% 내외였다. 나머지는 야당을 지지한다는 얘기인데 그 나머지 40%의 표심은 현행 선거제도에서는 완전히 사표가 되어버린다. 승자 독식의 소선거구 다수대표제가 가진 맹점 탓이다. 의석 배분이 유권자의 지지율을 정확히 반영하지 못하는 것을 먼저 문제로 삼아야지 거꾸로 지역주의적 투표행태를 문제 삼는 것은 원인과 결과를 뒤바꾼 것이다. 따라서 지역주의 투표행태만을 비판하는 것은 민의를 왜곡하는 정치제도의 문제점을 은폐하는 데 기여할 뿐이다. 진보정의

보수독점
낡은정치
비례대표제
확대 지렛대

당은 정확히 이 문제를 지적했고, 민의가 정확히 반영되는 선거제도, 즉 정당명부식 비례대표제의 온전한 도입을 일관되게 주장해왔다.

그러나 불행히도 한국 정치에서 선거제도 개혁의 칼자루는 국회의원들에게 있고, 기성 정치인은 자신의 이해관계 때문에 선거제도를 더더욱 기형화할 뿐, 비례대표의 확대에 대해서는 아무런 관심도 갖지 않았다. 다만 지난 2012년 18대 대선에서 진보정의당과 정책연대를 했던 민주당 문재인 대선후보가 권역별 비례대표제를 도입해 지역구 2대 비례 1의 비율로 선거제도를 개혁하자는 입장을 내놓는 정도에 그쳤다. 민주당 의원들 또한 현행 선거제도에 기득권을 갖고 있기 때문에 유권자의 표심을 왜곡하는 선거제도 사수에서는 새누리당과 연정을 하고 있다고 해도 과언이 아니다.

이런 가운데 국민들은 정치적 변화에 대한 열망과, 기대를 배반하는 정치에 대한 실망을 거듭하면서 정치로부터 멀어져 갔다. 진보정당에마저 실망한 국민들이 의지할 만한 정치란 어디에 있는가? 갈수록 투표율이 떨어지는 것은 정치에 대한 실망이 얼마나 깊은 것인지 보여준다.

그러나 악연과 같은 정치로부터 국민들은 자유로울 수 없었다. 그리고 어떤 정치적 선택에 따라서는 무상급식과 같이 자신의 생활세계를 변화시킬 수 있다는 걸 깨달은 국민들은 정치에 대한 기대를 완전히 접을 수 없었다. 정치판 전체를 엎을 것처럼 부풀어 올랐던 안철수 현상은 정치를 통한 변화를 여전히 기대하고 있다는 걸 보여준 것이었다. 제대로만 한다면 말이다. 그러나 안철수는 '안철수 현상'을 담아낼 만한 그릇이 못 된다는 걸 여러 차례 드러냈다. 한 예로 국회의원 정수 축소를 마치 정치개혁인 양 포장했고, 이런 포퓰리즘을 동원해 정치의 실종을 부채질 한 것이다.

진보정의당은 달랐다. 진보정의당 심상정 원내대표는 2013년 6월 11일 국회 비교섭단체 대표 연설에서 "국민이 갑이 되는 정치개혁을 위해 정치적 '을'의 연대에 앞장서겠다는 입장을 밝혔다. 심상정 의원은 정치의 기능은 확장하고 특권은 줄이는 '정치개혁 3대 방안'을 다음과 같이 제안했다.

첫째, 유권자의 표심이 왜곡 없이 그대로 의석수에 반영되는 정당명부 비례대표제 도입. 둘째, 단순다수대표제의 단점을 보완하며 정당의 대표성과 책임성을 높일 수 있도록, 대통령 선거, 광역자치단체장 선거에 결선투표제 도입. 셋째, 국회 운영의 민주성을 가로막고, 국회의원의 입법권을 훼손하는 교섭단체제도 폐지와 국회 운영위원회 정상화이다.

그러나 심상정 원내대표의 제안에 거대 양당은 일언반구도 하지 않았다. 자신들의 기득권을 건드리는 그 어떤 개혁에 대해서도 일체 함구하고 무시하는 것이 저들의 공통된 입장이었다. 진보정의당으로서는 답답한 일이었지만 다시 여론이 분출하기를 기다릴 수밖에 없었다.

대통령직이 '부당거래'의 대가냐?

박근혜정권은 태생에서부터 정통성 시비를 겪었다. 국가기관에 의한 총체적 부정선거로 당선되었다는 혐의 때문이었다. 이명박이 꽂아놓은 원세훈 국정원장의 '도움'을 받아 당선되었다면 보수세력의 권력유지를 위한 품앗이나 부당거래의 커넥션이 얼마나 집요한지 나중에 반드시 청문회를 열어서 밝혀야 할 일이었다.

어쨌건 국정원 댓글조작이 처음 문제가 되었을 때만 하더라도 박근혜 대통령은 댓글 몇 개 달았다고 대선 결과가 뒤집어지느냐고 하면서 가볍게 넘기려 했다. 그러나 댓글 몇 개가 아니었다. 국정원 댓글녀가 인터넷 커뮤니티 사이트에 단 댓글만 99건이라는 게 확인되었고, 국정원은 댓글녀를 포함한 사이버 심리전단을 대규모로 운영해 야당 후보 반대글을 무차별 살포했다는 것이 드러났다. 국정원의 '대국민 심리전'은 인터넷 커뮤니티에서만이 아니었다. 트위터 등 SNS 공작은 확인된 것만 121만건, 조직적 활동이 아니면 불가능한 엄청난 분량이었으며 선거에 실제로 영향을 줄 정도였다.

게다가 국정원만이 아니라 국방부와 보훈처 등 국가 기관이 총체적으로 개입한 부정선거였음이 고구마 넝쿨처럼 줄줄이 드러났다. 당시 국정원 댓글녀 수사를 맡았던 수서경찰서 권

국정조사하라!!
부정선거
진보정의당
윤석열
권은희

은희 수사과장은 김용판 서울지방경찰청장이 수사를 방해하는 외압을 행사했다고 폭로했다. 서울경찰청은 댓글녀의 컴퓨터 하드디스크에서 명백한 국정원 개입 사실을 확인하고도 이를 덮었다. 그리고 마지막 대선 후보토론이 끝나고 선거 직전인 12월 16일 밤 11시19분에(!) "국정원 직원 컴퓨터에서 댓글 흔적 발견 못해"라는 뉴스 속보를 띄웠다. 경찰청이 언론플레이를 한 것이었다.

이런 사실들이 하나씩 폭로되자 박근혜 대통령은 차츰 궁지에 몰렸다. 부정선거의 진상규명을 촉구하는 시민들이 촛불을 켜기 시작했고 나중에는 천주교 사제들까지 나서서 부정선거에 의해 당선된 박대통령의 '퇴진'을 요구하는 지경에 이르렀다. 이에 비해 억울한 낙선 당사자인 민주당의 대응은 물렁하기 짝이 없었다. 정부여당과 보수언론에서 "대선 불복이냐?"고 힐문하자 그것은 아니라며 화들짝 놀라 한 발 물러섰고, 정부여당의 느닷없는 NLL 대화록 물타기 공세에 말려들어 또 허우적댔다.

이에 반해 진보정의당 노회찬 공동대표, 심상정 원내대표가 국정원 국기문란 사건 관련 긴급기자회견을 열어 대통령 대국민 사과와 즉각적 국정조사를 촉구하며, 국정원 전면개혁을 위한 대국민 행동에 돌입한다고 선언했다. 정부여당에 의해 NLL 대화록 물타기가 시작되던 6월 21일이었다.

진보정의당은 "국민은 들끓고 있지만 대통령은 아무 반응도

하지 않기에, 국민행동에 나설 수밖에 없다"며 순회 정당연설회를 통해 직접 국민의 목소리를 전하겠다는 의지를 밝혔다. 그리고 민주당이 더 강력히 싸울 것도 촉구했다.

진보정의당은 "국회 안에서 새누리당과 벌이는 소극적 힘겨루기만으로는, 대통령의 사과를 얻어낼 수도 6월 임시국회 안에 국정조사를 실시하기도 어렵습니다. 진보정의당은 박근혜 대통령 사과, 국정조사 즉각 실시, 국정원 전면개혁을 위한 대규모의 국민선언을 추진하고, 야권의 제 정당 그리고 시민사회에도 이를 제안할 것"이라고 밝히며 민주당의 소극성을 비판했다. 작지만 강한 정당, 진보정의당은 그렇게 국민들 속으로 들어갔다.

정의당으로 당명 개정

–'모두를 위한 복지국가, 평화로운 한반도'를 설계하다.

2013년 7월 21일 진보정의당은 '혁신당대회'를 거쳐 정의당으로 거듭났다. 당명 개정을 두고 당내에서 열띤 토론이 있었다. 정의당과 마지막까지 경합한 당명은 '사회민주당'이었다. '사민당'은 당원들을 대상으로 한 온라인 여론조사에서 1552명이 참가한 가운데 선호도 1위(37.1%)를 기록한 바 있으나 당원총투표에서는 정의당이 채택되었다. 이 당명에 대해 과거 전두환 군사독재정권의 '민주정의당'이 연상된다는 문제 제기도 없지 않았다. 그러나 불의한 권력에 의해 오염된 말이라고 기피할 수는 없었다.

2010년 여름휴가 때 이명박 대통령이 챙겼다는 마이클 샌델의 책 『정의란 무엇인가?』가 2012년 대선을 앞두고 공전의 히트를 쳤다. 이 책을 그가 제대로 읽었는지 모르겠지만 이 인문서가 종합베스트셀러 1위에 오른 것은 이명박과는 달리 광우병 위험 미국산 쇠고기를 국민의 동의도 없이 도입하려는 정권의 대해 생명권을 주장했던 시민들, 용산참사와 같이 자기 땅에서 밀려나 벼랑 끝에 내몰린 사람들의 생존권을 주장했던 시민들, 4대강 삽질에 맞서 강의 생태적 건강성을 지키려 했던 사람들이 주목했기 때문일 것이다.

노동과 분배의 정의를 넘어 생명과 평화와 상생, 종국에는 인간의 존엄을 지키고자 했던 이들이 주목한 키워드가 바로 '정의란 무엇인가?'였다. 이렇게 정의에 목말라하는 시민들에게 정의당은 시민의 자유와 평등, 그리고 존엄을 위해 정치적, 경제적, 사회적 정의를 실현하는 정의로운 국가를 만들겠다는 약속을 바친 것이다.

정의당 당대표로 선출된 천호선은 당대표 수락 연설에서 "자주 민주 통일, 평등 평화 생태 연대, 국가의 정의와 시민의 자유, 그리고 참여민주주의, 어느 것 하나 버릴 수 없는 진보의 소중한 가치"라고 그간 진보정당이 표방해왔던 가치를 정의당이라는 용광로 속에 녹여 보다 현대적인 실천전략을 만들어나가겠다고 약속했다.

그리고 "이념의 완고함을 버리고 진보적 가치를 실현하는 구체적인 설계도를 내놓겠다"며 그 설계도의 기본 방향은 "모두를 위한 복지국가와 평화로운 한반도"라고 제시했다. 모두를 위한 복지국가는 "보편 복지, 공정한 시장, 노동권의 확대, 협동경제의 확대"를 핵심으로 하며 "다른 사민주의 복지국가의 경험과 성과를 배우고 우리 실정에 맞는 창의적 비전을 세울 것"을 약속했다. 아울러 모두를 위한 복지국가의 실현을 제약하는 분단체제를 극복하기 위해 한반도 평화가 그 조건임을 분명히 했다.

'이석기 내란예비음모 사건'이라는 음모극

–정의당은 국정원의 국내정치 개입 원천봉쇄 위해 '해외정보원법' 발의

국정원의 대선개입과 관권 부정선거를 규탄하는 촛불의 열기가 더해가던 2013년 8월 28일 국정원은 서둘러 통합진보당 이석기 의원 '내란예비음모사건'이라는 걸 터뜨림으로써 맞불을 피웠다. 국정원은 대선에 불법 개입한 사실이 속속 드러나면서 사면초가에 몰렸다. 대선에만 개입한 것이 아니었다. 박원순 서울시장 후보를 낙선시키기 위해 공작한 흔적도 드러났다.

국정원의 국내 정치 개입을 원천 차단하지 않으면 지방선거든, 총선이든, 대선이든 무사할 수가 없으니 발본적으로 쇄신해야 했다. 그러나 이석기 내란음모사건을 투척함으로써 부정선거 규탄 촛불집회에 찬물을 끼얹고, 나아가 국정원 개혁 여론을 잠재워 국내 정보업무 유지의 명분으로 삼고자 한 것이었다.

촛불이라는 거대한 운동의 열정이 휩쓸고 지나간 자리에 뭔가를 남겨야 한다면 그 최소한이 바로 국정원 개혁이었다. 다시는 국내 정치에 개입하지 못하도록 '그놈의 손가락'을 묶어버려야 했다. 정의당 의원단은 국정원을 '해외정보원'으로 명칭을 변경하고 기관의 업무도 '국외 정보 수집, 작성 및 배포 업무'로 제한해 국내 정치개입을 원천 금지토록 하는 '해외정보원법'을 9월 5일 발의했다.

이에 대해 새누리당은 국정원이 기밀을 다루는 조직이므로 국회에서 개혁을 논하는 것은 불가하다는 입장이었고, 박근혜 대통령도 국정원 스스로 개혁안을 낼 것을 주문(7월 8일 청와대 비서관회의)하면서 국정원 개혁을 국회가 논의하지 못하도록 방향을 틀고 있었다.

거 참 시끄럽구만!
국정원
부정선거
국정원 해체하..
이석기내란음모

사실 국정원이 위기탈출용으로 터뜨린 이석기 내란음모 사건은 국정원이 불법 정치공작으로 비난받고 있는 한복판에서 작업한 공작정치의 산물 아닌가? 민주주의를 유린한 국정원이 거꾸로 매카시즘의 광풍을 동원하는 공작정치를 감행한 것이기 때문이다. 국정원은 이석기 내란음모 사건이라는 방패막이를 들고 자신이 만든 셀프개혁안을 국회에 제출했다. 지탄의 대상이 되어 온 남재준 국정원장 유임, 국내 정보파트 그대로 유지, 사이버 심리전단 유지 등 앞으로도 댓글을 계속 달겠다는 뜻을 분명히 밝혔다. 새누리당의 비호 하에 뼈를 깎는 쇄신이 아니라 때만 미는 '세신(洗身)'을 하고 만 것이다.

연말에 타결된 국정원 개혁안도 크게 다르지 않았다. 사이버 심리전을 빌미로 한 정치개입에 대한 처벌을 규정하는 선을 넘지 못했다. 이듬해인 2014년 4월 서울시 공무원 간첩조작 사건을 통해 드러난 것은 국정원이 여전히 증거조작 등을 하고 있다는 것이었다. 개 버릇 남 못 주는 국정원의 개혁은 결국 미완의 과제였다

역사 왜곡 쿠데타

-뉴라이트 역사 교과서 발간

2013년 9월 '역사에 대한 해석 전쟁'이 발발했다. 뉴라이트가 펴낸 교학사 교과서가 세상에 그 모습을 드러내자 역사학계와 시민사회, 그리고 정치권이 발칵 뒤집혔다. 교학사 교과서는 일제의 식민지 근대화론을 수용하고, 독재자 이승만과 박정희를 찬양했다. 역사학계에서는 이 교과서가 왜곡과 오류투성이로 교과서로 채택할 수준이 되지 않는다고 지적했으나 서남수 교육부 장관은 수정, 보완을 지시하고 추후 검정을 기도했다.

이에 정의당 정진후 의원은 "역사적 사실왜곡은 물론 기본적인 사실관계도 파악하지 않고 날림으로 만든 함량미달 교학사 한국사 교과서를 오류만 수정한다고 밝힌 교육부 장관의 발표는 마치 엔진 고장으로 쓸 수 없는 자동차를 도색만해서 다시 판매하겠다고 하는 위험한 발상이며 수정방침으로 시간을 끌어보려는 꼼수일 뿐이다. 저명한 역사학자들이 밝혀낸 오류만 해도 298건이나 되는 교과서라면 표지와 간지(중간제목) 페이지를 제외하면 거의 전 페이지에 오류가 있는 것이나 마찬가지인 손도 댈 수 없는 불량교과서를 수정만으로 고등학생들의 교재로 사용되게 한다는 것은 있을 수 없는 일"이라며 검정 취소를 요구하고 나섰다.

이와 함께 정 의원은 "교육도서 발행에 관한 제도를 검토해 교과서 검정과정이 보다 객관적으로 진행되고 정치적 의도에 휘말리지 않을 수 있도록 대통령령으로만 규정되어 있는 '교과용 도서'에 저작, 검증, 발행 등에 관한 규정을 법률로 격상시키는 법률개정안을 준비"하겠다는 의사를 밝히고 나섰다.

그러나 박근혜 대통령은 역사학계와 대다수 국민들의 반발에 맞서 뉴라이트 역사학자인 유영익 교수를 국사편찬위원장으로 내정하는 등 그 스스로가 아버지 박정희의 친일과 유신독재를 은폐하고 미화하려는 역사 왜곡 의지를 포기하지 않았다. 새누리당까지 가세해 교학사의 역사 왜곡 교과서를 옹호하자 보수단체들이 나서서 교학사 역사 왜곡 교과서 문제를 이념 논쟁으로 몰아갔다.

한국에서 벌어지는 해괴한 소동에 일본 우익을 대표하는 〈산케이신문〉이 교학사 교과서를 옹호하는 발언을 쏟아냈다. 〈산케이신문〉은 교학사 교과서가 "일본 통치시대에 대해 여태까지의 '억압과 착취'라는 암흑사관(暗黑史觀)을 부정"하고 있다고 찬양했다. 일본 우익의 후소샤 교과서와 다를 바 없는 교학사 교과서를 옹호하는 데서는 일본의 우익이나 한국의 보수세력은 한통속이었다.

박근혜정부의 비호하에 교학사 교과서는 검정을 통과했으나 이 교재를 채택한 곳은 몇 학교 되지 않았다. 이조차도 국사

교사들의 뜻과 무관하게 진행된 것이었고 학생들이 대자보를 써서 반발하는 등 물의가 빚어지자 그마저 취소해버려 결국 부산의 부성고 한 곳만 남게 되었다.

박근혜 대통령의 역사전쟁 1라운드는 이렇게 싱겁게 막을 내렸다. 그러나 기억을 지배하려는 자들의 공세는 그렇게 쉽게 꺾이지 않는다. 검정을 통과했으나 학교의 반발로 채택되지 않자 박근혜 정부는 아예 '국정교과서' 체계로의 퇴행을 시도할 뜻을 노골적으로 비쳤다. 지금은 잠복해 있으나 언제 판도라의 상자가 열릴지 알 수 없다. 오직 박근혜 대통령만이 알 뿐이었다.

"빚내서 집 사라?"

-전월세 대란에 염장 지르는 정부

주택정책보다 부동산정책이라는 말이 언젠가부터 우리에게 귀에 익숙해져 있다. '주택'이 거주하는 곳이라면 '부동산'은 사고파는 상품이라는 뜻이다. 국민의 주거생활을 안정시키는 것이 국가의 최우선 목표라면 당연히 주택정책을 펼쳐야 한다. 그러나 대한민국 정부는 언제부터인가 주택정책보다는 부동산 거래의 활성화를 추구하는 부동산대책이라는 걸 꾸준히 발표해왔다. 그것은 대부분 집 없는 사람들을 위한 정책이 아니라 땅 부자, 집 부자, 부동산업자, 금융업자, 투기꾼들을 위한 정책이었다.

대한민국 주택보급률은 2013년 이미 103%를 넘겼지만 내 집 없는 국민은 40%나 된다. 전월세에 사는 서민들은 2년 주기로 닥치는 전세값 인상이나 월세 전환 요구에 무릎이 푹푹 꺾인다. 과거 춘궁기를 보릿고개라고 했다면 현대판 보릿고개는 봄과 가을 이사철에 맞이하는 전월세대란의 가파른 고갯길이다. 서민들의 고충을 아는 정부라면 전월세 안정을 위한 시급한 대책과 더불어 근본적인 대책을 강구할 것이다. 한줌도 안 되는 집 부자, 땅 부자보다 40%의 세입자들을 위한 정책이 우선이어야 한다는 것이다.

2013년 8월 28일 전월세 대란으로 집 없는 서민들의 한숨과 분노가 터져 나오기 시작하자 박근혜 정부는 '전월세시장 안정을 위한 대응방안'이라는 걸 내놓았다. 그 핵심은 "전세 살 집 구하기 힘들면 금리를 깎아줄 테니 빚을 내어서 집을 사라"는 것이었다. 당장 먹고 죽을 것도 없는 사람들에게 빚을 내서 집을 사라니?

정의당 서기호 의원은 "8.28 대책은 전월세 세입자들을 위한 것이라기보다는 매매 활성화를 통한 부동산경기 부양책으로 부자들만 배불리는 정책이었습니다. 치솟기만 하는 전세값과 월세 부담으로 생계마저 위협받고 있는 무주택 서민들에게 대출로 집을 구입하라는 것은 어불성설이 아닐 수 없습니다"며

빚내서 집사!
B·H부동
저금리 대출
매 매 매
매 매 매

반박하고, 9월 25일 실질적인 전월세 대책을 위한 주택임대차 보호법 일부 개정 법률안을 대표 발의했다.

임대차계약기간을 2년으로 연장하고 1회의 계약갱신청구권을 부여하고, 연간 전월세 증액율 상한선을 3.3%로 제한하고, 전세보증금 우선변제권을 강화하고, 월세 전환율을 연 14%에서 8%로 낮추고, 보증금까지 몽땅 뜯긴 채 거리로 나앉을 위험이 큰 '목돈 안 드는 전세'제도를 폐지하는 것 등을 골자로 한 것이었다.

물론 이런 임대료 통제 처방만으로 전월세 대란을 근본적으로 막을 수는 없다. 매입 공공임대를 포함한 공공임대주택과 사회주택 대규모 보급을 통해 전월세 시장 구조 자체를 변화시키는 것과 더불어, 취약계층에 대한 주거비 지원과 같은 안전망을 강화하는 주거복지정책을 실현하는 것이 정의당이 부딪혀야 할 숙제였다.

무노조 삼성에 맞선 다윗들의 전쟁

-정의당 심상정 의원, 삼성의 '노조 무력화 전략' 문서 최초 폭로

삼성은 공화국 헌법 위에 군림한다. 삼성의 초헌법적 지위는 정관계, 법조, 언론 등을 가리지 않고 악성종양처럼 퍼져 있는 마름들에 의해 공고히 보장된다. '삼성 X파일'을 폭로한 노회찬을 삼성장학생 검찰이 공공연히 찍어 내고, 노동조합을 결성하려는 시도에 대해서도 원천 봉쇄한다. 국정을 농단하든 불법적인 부당노동행위를 자행하든 삼성의 언터처블 권력은 손상 없이 여전히 굳건하다.

그럼에도 골리앗 삼성과 맞서는 다윗들의 싸움은 계속되어 왔다. 특히 삼성의 전제정에 맞서 노조를 결성하려는 공화군들의 싸움은 끊임없이 이어졌다. 삼성의 창업주 이병철로부터 이건희 회장으로 이어지는 무노조 방침은 삼성왕국을 구축해온 주춧돌이었다. 삼성에 노조가 만들어진다는 것은 총수 일가의 전제적 지배체제가 내부로부터 도전받는다는 의미였다. 삼성이 무노조 체제에 집착하며 공권력의 비호 하에 온갖 편법과 불법을 자행해왔다는 것은 이미 공공연한 비밀이었다.

이런 가운데 2013년 10월 14일 정의당 심상정 의원이 삼성의 '노조 무력화' 전략 문서를 최초로 공개함으로써 그동안 제기되어온 의혹이 백일하에 드러났다. 심 의원이 폭로한 '2012년 S그룹 노사 전략(이하 노사 전략)'이라는 문서는 상상을 초월하는 내용을 담은 범행 계획서로 노조 와해를 위한 탈법과 불법을 어디까지 동원할 수 있는지 생생히 보여주고 있었다.

노조 결성 징후가 포착되는 초기 단계에서부터 이른바 '핵심 문제인력'에 대해 '노조설립 시 즉시 징계할 수 있도록 비위사실 채증 지속'과 같은 불법적인 감시 사찰활동을 모의하고 있

SAMSUNG
2012년 S그룹 노사전략

으며, 노조가 설립됐을 때는 '조기 와해, 고사화 추진, 단체 교섭 거부, 노조 해산 추진, 조기 와해 불가 시 친사(어용) 노조 설립 후 고사화 추진' 등 군사 작전을 방불케 하는 방침을 마련해놓고 있었다.

심상정 의원은 "정치권력을 압도하는 경제권력을 가진 삼성의 화려함의 이면에는 경영권 세습, 불법 비자금 조성, 그리고 무노조 신화라는 그늘이 짙게 드리워져 있다"며 "삼성이 가지고 있는 우리 사회 정치 · 경제 · 사회의 비중을 볼 때 무엇보다 삼성의 변화가 중요하다"는 점을 역설했다. 아울러 "삼성이 국민의 기업으로 사회적 책임을 다해 한국사회가 견인차 역할을 했으면 하는 바람"이라며 "삼성이 가진 권력과 지위에 걸맞게 우리 사회가 삼성에게 요구하는 책임도 그만큼 크다는 점을 외면해서는 안 된다"고 말해 삼성의 변화를 다시 한 번 주문했다.

한편 각종 부당노동행위 매뉴얼을 상세히 기술한 이 문서는 '민주사회를 위한 변호사모임'(약칭 민변) 등에 의해 부당노동행위의 증거 자료로 검찰에 고발되었으나 검찰은 1년을 질질 끌다 무혐의 처분을 내렸다.

선거제도 개혁의 지렛대를 움직인다

-정의당 심상정 원내대표, 선거구 인구편차 3대 1은 위헌이라고 제소하다

'뒤베르제의 법칙'이라는 게 있다. 우리나라처럼 승자독식의 소선거구제하에서는 양당제로 수렴되는 경향이 있다는 것이다. 따라서 선거제도가 바뀌지 않는 한 제3당이 양당구도를 흔드는 것은 매우 어려운 일이다. 양당제의 기득권을 가진 거대 양당이 스스로 선거제도를 바꿀 리 만무하다. 지금과 같이 비례대표를 별도로 찍는 1인 2표제도 과거 민주노동당의 노회찬이 헌법소원을 해서 얻어낸 변화다.

2014년 10월 30일 헌법재판소는 국회의원 지역 선거구를 획정한 법 조항에 대해 헌법불합치 결정하고 선거구별 인구편차를 현행 3대 1에서 2대 1 이하로 바꾸라며 입법 기준을 제시했다. 헌재는 "인구 편차를 3대 1 이하로 하는 기준을 적용하면 지나친 투표 가치의 불평등이 발생할 수 있다"며 "투표 가치의 평등은 국민 주권주의의 출발점으로 국회의원의 지역 대표성보다 우선해야 한다"고 판시했다. 19대 국회의원 선거를 앞둔 2012년 3월 23일을 기준으로 서울 강남구 갑 선거구의 인구수는 309,776명으로 최소선거구인 경북 영천시 선거구의 인구수 103,003명에 비하여 3배였다. 강남갑 유권자

우리 30만표가
거기 10만표와
같은 가치라고?
서울강남갑
경북영천
ONE MAN
ONE VOTE
ONE VOTE
ONE VALUE
고장

들의 투표 가치는 영천시 유권자의 투표 가치에 비해 3분의 1에 불과했다. 투표가치의 불평등은 헌법상 평등권 및 평등 선거권을 침해한 것이다.

그와 같은 헌재의 판결은 10개월 전인 1월 20일 정의당 심상정 원내대표를 비롯한 해당 선거구의 유권자들이 헌법소원을 제기한 결과였다. 심상정 원내대표에 의하면 현행 선거구 획정법 조항이 대한민국 헌법은 제11조 제1항의 일반적인 평등의 원칙과 제41조 제1항 '국회는 국민의 보통 · 평등 · 직접 · 비밀선거에 의하여 선출된 국회의원으로 구성한다'는 조항을 어기고 있는 것이다.

심 원내대표는 "평등선거는 선거에서 투표의 수적 평등(one man, one vote), 즉 복수투표제 등을 부인하고 모든 선거인에게 1인 1표를 의미할 뿐만 아니라, 투표의 성과가치의 평등, 즉 1표의 투표 가치가 대표자 선정이라는 선거의 결과에 대하여 기여한 정도에 있어서도 평등해야 함(one vote, one value)을 의미"한다며, 평등원칙에 따른 투표가치의 동등성을 보장하지 못하는 이 법이 위헌이라며 제소한 것이다.

더불어 독일, 미국, 일본, 프랑스 등 외국의 경우, 선거구 획정에 있어 최소선거구와 최대선거구 인구수 편차를 2배가 넘지 않도록 엄격히 제한하는 등 선거구 인구편차를 엄격하게 제한하는 것이 세계적 추세임을 들며 인구편차 비율을 2 : 1로 전면 재조정할 것을 요구했다.

한 톨의 불씨가 광야를 불태우듯 선거구 인구편차의 조정이 강제되고 개혁의 제 방향을 찾아 간다면, 그것은 선관위가 제출한 지역과 비례를 2대 1로 하는 '권역별비례대표제'의 선거제도 개혁으로, 심상정 원내대표가 제안한 의원정수 확대로 '사회적 기포'가 확산되는 과정을 밟을 수 있다. 이러한 과정을 통해 진보정당의 오랜 꿈인 원내교섭단체 구성이 이루어진다면 한국 사회도 정의로운 복지국가로 이행하는 꿈을 실현할 수도 있는 것이다.

성소수자의 '사랑'은 사랑이 아닌가?

–정의당 이정미 대변인, '사랑'의 정의에서 성소수자를 배제하는 국어대사전 뜻풀이에 항의하다

2014년 3월 31일 국립국어원 표준국어대사전 웹페이지에 '사랑'의 네 번째 정의가 바뀌어 있었다. "'남녀' 간에 그리워하거나 좋아하는 마음. 또는 그런 일"이라고 풀이한 것이다. 그 전에는 "'어떤 상대'의 매력에 끌려 열렬히 그리워하거나 좋아하는 마음"이라고 '성(性) 중립적'인 표현으로 되어 있었다. 그것은 "이성애 중심적인 언어가 성 소수자 차별을 만든다"는 취지에 따른 것이었다.

이렇게 성 중립적 표현으로 바뀐 것은 2012년이었는데 1년여 만에 다시 과거로 돌아간 것은 기독교 등 일부 세력들이 "동성애를 옹호한다"고 극렬히 반대하며 압력을 행사했기 때문이었다. 언어 하나에도 이렇게 치열한 갈등이 존재하는 것이며, 보수세력들은 자신의 의지를 관철시키기 위해 이리도 집요하게 물고 늘어지는 것이다.

정치적 언어를 다루는 정의당 이정미 대변인은 성소수자의 차별을 확정짓는 이 언어의 전선에서도 백병전을 벌였다. 이 대변인은 "신을 갈구하고 선한 의지를 가진 동성애자를 심판하려 해서는 안 된다"는 프란치스코 교황의 말을 인용하면서 동성애 혐오는 참된 기독교인의 뜻이 아님을 이야기했다. 그리고 "가정과 직장과 사회의 그늘진 곳에서 반인권적 차별을 감내해야 하는 수많은 성소수자들이 있다. 그나마 차별을 개선하기 위해 조금 앞으로 내딛은 발을 또다시 뒤로 돌리는 일이 있어서야 하겠나. 이번 국립국어원의 뜻풀이 변경에 유감을 표하며 원상회복되기를 바란다"는 논평을 발표했다.

이것이 국가냐?

-4.16 세월호 참사

2014년 4월 16일의 세월호 참사는 6.25 한국전쟁 이후 대한민국 국민에게 '최악의 트라우마'를 안겨준 사건이었다. 원양도 아닌 진도 팽목항 앞바다에서 295명이 실시간으로 수장되어가는 걸 지켜봐야 했던 가슴 아픈 사건이었기 때문이다. 국민들은 배가 뒤집히며 물이 차오르면서 차디찬 바닷물 속에서 숨이 막혀 숨져간 이들의 고통을 자기 일처럼 생생히 느끼며 일손을 놓아버렸다.

뉴스를 처음 접한 사람들은 연안에서 서서히 쓰러지는 세월호 영상을 보며 가슴을 졸였지만 전원 구조되었다는 오전 뉴스를 들으며 안도했다. 구조 헬기가 뜨고 구명정들이 배에 접근해 구조가 진행되는 장면을 지켜보았기 때문이었다. 그러나 오후부터는 모든 게 달라졌다. 구조되었다는 소식을 듣고 다시 생업에 돌아갔던 국민들은 두 명이 죽었고, 293명이 선실에 갇힌 채 배가 뒤집혔다는 걸 알았다. 관영방송이나 다름없는 방송만 믿고 방심했던 자신들이 원망스러웠고 울화가 치밀었다.

선장과 승무원들이 세월호 승객들을 선실에 '가만히 있으라'고 거듭 방송을 하는 바람에 선실에 남아 대기하던 사람들이

가만히 있어!
VIP First

고스란히 그대로 수장되어가고 있다는 것, 그리고 승객들을 내버려둔 채 자기들만 먼저 탈출했다는 것, 구조에 나선 해경은 두 시간 동안 천천히 기울어지는 배의 선실에 들어갈 생각조차 하지 않았다는 것, 구조에 함께 나선 민간 어선들의 접근조차 가로막았다는 사실들이 밝혀지며 사람들은 분노하기 시작했다. 그러나 분노 이전에 생떼 같은 목숨을 구하는 게 먼저였다. 사람들은 속울음을 삼키며 기도했다. 부디 모두 구출되기를.

대통령은 세월호 침몰 이후 7시간 동안 행적이 묘연했다. 7시간 지난 후 나타난 대통령이 고작 한 말이라고는 "구명복을 입고 있다는데 그렇게 찾기가 어려우냐?"는 뜬금없는 한마디였다. 국가적 재난 상황에서 콘트롤타워가 완전히 마비되어 있다는 걸 단적으로 보여준 어처구니없는 발언이었다. 이 무능한 정부는 단 한 명의 생존자도 추가로 구하지 못했다.

세월호 참사는 노후한 배의 선령을 30년으로 연장해주고, 무리한 수직증축을 눈감아준 '규제완화'의 산물이었다. 이윤의 과적을 위해 평형수를 빼버림으로써 생명과 안전을 수장해버린 탐욕의 산물이었다. 이런 자본과 결탁한 관피아들의 부패와 재난 대응 시스템 부재를 보여준 국가의 총체적 무능의 산물이었다.

'골목까지 행복한 복지국가'라는 공약들을 잇따라 발표하며 지방선거를 준비하던 정의당은 세월호 참사 앞에서 선거운동을 중단했다. 정의당 천호선 대표는 긴급 메시지를 통해 "모든 승객들의 무사귀환을 위해 박근혜 대통령이 직접 상황을 지휘 통제하고, 모든 수단과 자원을 동원하여 구조작업을 펼칠 것"을 당부했다. 그리고 "구조 작업에 대해 정의당도 할 수 있는 최선의 노력과 협력을 다할 것임"을 밝혔다.

안전 업무에 비정규직 고용은 미필적 고의에 의한 살인

–'안전사회로의 전환'을 위해 상시업무에 대한 비정규직 고용 금지를 주장하다

세월호 참사의 여러 가지 원인을 따져 보는 것은 앞으로 다시는 이 같은 일이 없도록 하기 위한 것이다. 세월호 참사에서 제대로 공론화되어야 하는 중대한 문제 중 하나는 선박직 직원 15명 가운데 9명이 계약직이었다는 것, 심지어는 출항 당일 아르바이트를 고용하기까지 했다는 것이다. 사고가 터지자 이들 중 박지영 씨를 제외하고는 승무원으로서의 책임감과 직업윤리를 갖고 행동한 사람이 없었다. 모두 자기 한 몸 챙기기에 급급했다.

정의당은 세월호 참사가 터진 지 2주 후 '돈보다 생명을 중시하는 안전사회로 대전환해야' 한다는 취지의 '세월호침몰사

고대책위'(위원장 정진후 의원) 공식 입장을 내놓으면서 이 점을 정확하게 짚었다. "승객들의 안전을 책임지는 분야에서 단기 계약직 인력에게 직업상의 책임감과 윤리를 기대할 수 없습니다. 6개월에서 1년 단위의 계약직 직원들에게 숙련도를 기대할 수 없습니다. 위기상황에 대처하기 위해 필요한 팀웍은 더더욱 기대하기 어렵습니다. 노동시장의 유연화는 이렇듯 국민의 생명을 위협하는 부메랑이 되고 말았습니다. 상시업무에 대한 비정규직 고용을 금지하고 특히 국민의 생명과 안전을 책임지는 인력에 대해서는 정규직 고용을 법으로 강제해야 합니다."

그러나 세월호 참사 1년이 지나도록 '상시업무에 대한 비정규직 고용을 금지'한다는 변화를 체감하지 못하고 있었다. 노동부는 2014년 12월 '생명, 안전 핵심 업무에 기간제와 파견근로 사용을 제한한다'며 '선장, 기관장, 기관사, 조종사, 관제사 업무'를 열거했다. 그러면 안전해질까? 대규모 운송수단인 KTX는 어떤가? 기관사 1명과 열차팀장만 정규직이고 나머지 승무원은 비정규직이다. 외주업체에 고용된 비정규직 승무원의 매뉴얼에는 '사고 발생 시 승객들과 같이 대피하라'고 나와 있다고 한다. 안전업무는 400미터 당 1명 씩 배치돼 있는 열차팀장의 소관으로 모두 떠넘겨졌다. 철도시설 유지보수 업무 노동자들은 외주업체 비정규직으로 채워졌다. 선로 보수 외주업체 소속 비정규직 노동자의 비율은 무려 96%에 달한다.

핵심 업무만 정규직으로 고용한다고 생명과 안전을 보호한다

세월아…네월아…
한국이 언제 바뀌겠냐?
알아서 살아남아.
비정규직
기간제
촉탁
알바
파견제
사내하청
특수고용

는 건 사실 눈 가리고 아웅하는 것이다. 그런데 이마저도 법 개정이 쉽지 않다. 노사정위에서 재계의 반발로 논의조차 되지 않았던 것이다. 심지어 폭발이나 화재 위험성이 있는 유해, 위험작업의 도급 제한과 원,하청 공동 안전 보건 의무, 안전관리자 외부 위탁 제한 등도 재계의 반발에 밀렸다. 원래 유해, 위험 업무는 전면적인 도급 금지가 거론되었으나 경총의 반발에 밀려 실효성도 없는 '도급인가제도 강화' 대책으로 왜곡되었다.

노동부는 안전보건관리자를 외주화하는 걸 금지하자고 했다. 조선, 철강, 건설 등 위험한 업종에 한해, 그것도 300인 이상 사업장에만 적용하자는 것이다. 사실은 300인 이하 중소기업의 작업조건이 훨씬 열악하고 위험한 데도 말이다. 그러나 이것조차도 '고위험업종'에만 지극히 제한적으로 적용하는 것으로 한국경영자총협회(경총)가 틀어버렸다. 이쯤 되면 노동부의 제안이 마치 엄청나게 과격한 것처럼 보일 지경이다.

경총이 막무가내로 버티던 2015년 4월 3일 인천 현대제철에서 20대의 청년 노동자가 쇳물을 쇳물분배기 주입구에 쏟는 작업을 하다가 2m 아래의 용광로로 추락해 사망한 사건이 터졌다. 아무것도 달라진 것이 없는 세상이 젊은 생명을 시뻘건 쇳물에 밀어 넣은 것이다.

참사의 기억이 펄펄 끓는 용광로 속으로 사라지면 또 다른 펄펄 뛰는 생명이 용광로 쇳물 속으로 사라질 것이다.

외유는 나의 힘?

-위험한 원전 세일즈에 경고장을 보낸다

박근혜 대통령의 해외 출장은 역대 어느 대통령보다 잦았다고 역사에 기록될지 모른다. 세월호 참사 1주기인 2015년 4월 16일 굳이 콜롬비아를 비롯한 남미 4개국 순방을 강행할 정도로 해외 출장에 대한 집착이 강했으니 어찌 말로 다하겠는가? 세월호 1주기 국민 제삿날에 일국의 대통령이 도망가듯 해외로 줄행랑을 친 것은 스스로 국정운영에 대한 자신감을 잃었다는 반증일 수도 있으나 자기 나라 국민들에게는 환영받지 못해도 해외에서는 국빈 대접을 받으니 그 심정이 이해될 듯도 하다.

그런데 해외에만 나갔다 하면 사고를 치니 국민으로서는 박근혜 대통령의 외유가 불안하기만 했다. 집권 초반부터 대통령이 총애하던 윤창중 청와대 대변인이 미국에서 성추행으로 물의를 일으키는가 하면, 대통령 자신은 유럽 4개국을 순방하던 중 프랑스 경제인들과 간담회에서 도시철도 시장을 개방할 수 있다고 해 수서발 KTX를 민영화하고 외국자본에게 팔아넘기는 수순을 밝히기도 했다.

박근혜 대통령의 철모르는 외유는 쉬지도 않고 계속되었다. 세월호 참사로 286명이 생명을 잃었고, 18명의 실종자가 가족 품으로 돌아오지 못한 2014년 5월 19일에도 박근혜 대통령은 UAE에 건설 중인 원전 1호기 원자로 설치 행사에 참석하기 위해 출국했다. UAE에 건설 중인 APR1400은 미국 원자력규제위원회 설계인증을 받지 못한 상태였다. 안전 검증을 받지 못했다는 것이다. 게다가 원전부품 시험성적 조작과 같은 원전 마피아의 비리가 국민들이 뇌리에서 떠나지 않고 있는 상태였다.

정의당 김제남 의원은 이를 두고 "돈벌이를 위해서 예고된 위험조차 외면한다면 이는 수많은 목숨을 앗아간 세월호 참사의 원인과 전혀 다르지 않다"며 "안전 불감증의 최종판"이라고 일갈했다. 사고 확률 1억 분의 1이라는 후쿠시마 원전 사고를 목격하고도 남의 나라에 핵 재앙을 수출하는 것도 문제고, 그걸 기념한답시고 아랍의 왕들과 함께 사진 찍으러 가는 것도 문제였다. 그 시간에 세월호 참사의 수습에 매달리는 게 대통령으로서 마땅한 도리이자 책무인 것이다.

부패의 뿌리, '관피아'의 몸통은 박근혜 정권 그 자체

-관-경유착 1800여 고위공직자 명단을 공개하다

2015년 3월 17일 박근혜 대통령은 "부패의 뿌리를 찾아내 비리의 덩어리를 들어내겠다"고 호언장담하며 '비리 완구 백화점' 이완구 총리 인준 강행 이후 폭락한 국정 지지율을 끌어올리기 위해 사정 드라이브를 걸었다. 그러나 돌아온 것은 박근혜 대통령 스스로가 비리 덩어리를 움켜쥐고 있는 부패의 뿌리였다는 것.

2015년 4월 정국의 핵폭탄처럼 터진 '성완종 리스트'는 박근혜 정권의 핵심 실세들이 대선 비자금을 기업인으로부터 광범위하게 받아왔다는 것을 드러냈다. 경남기업이라는 크지 않은 기업에게 돈을 요구했다면 대기업들은 오죽했겠느냐는 게 국민적 상식이다. 갓 임명장을 받은 이완구 총리가 주제넘게 '부패와의 전쟁'을 입에 올린 지 한 달 만에 그 스스로가 부패 원조로 낙인찍혀 총리직을 사임하는 초민망한 사태가 벌어졌다.

성완종 리스트는 정경유착이라는 거대한 빙산의 일각만 드러낸 사건이었다. 박근혜 대통령식으로 얘기하면 부패의 뿌리가 움켜쥐고 있는 비리 덩어리의 지극히 일부분일 뿐이다. 보수세력이 집권하는 동안 정경유착과 더불어 관경유착, 정언유

관피아 척결하고
부패의 뿌리를 찾아내
비리의 덩어리를
들어내겠다

착과 같이 부패의 악성종양이 우리 사회 구석구석까지 뻗어 내려갔다.

2014년 5월 27일 정의당 김제남 의원은 세월호 참사의 배후 원흉으로 지목된 관경유착의 '관피아'를 정조준해 '지난 2008년 이명박 정부 출범 이후 모두 1천800여 명의 고위공직자들이 각종 이권의 독점과 나눠먹기를 위해 재벌대기업 등 사기업에 취업을 시도한 전력이 담겨 있는 자료'를 전격 공개했다. 관경유착의 모세혈관을 타고 기업은 권력에 로비줄을 대고 공직사회를 오염시키며 거대한 정경유착의 독버섯 생태계를 유지하고 있다는 것이 적나라하게 드러났다.

김제남 의원이 공개한 내용은 충격적이었다. 김 의원이 공개한 자료에 따르면 2008년부터 6년 동안 공직자윤리법에 따른 취업심사 공직자의 93%가 아무런 제한 없이 사기업에 취업하고 있었다. 김 의원은 이를 두고 "관-경이 '한 몸'이라는 사실이 확인됐습니다. 공직자윤리법과 공직자윤리위원회라는 법과 제도는 있었음에도 불구하고 관피아를 키웠을 뿐 유명무실했습니다"라고 질타했다.

금융위와 국세청, 한국은행 등은 직무관련성이 매우 높은 각종 금융기업에 대거 취업했다. 심지어 대규모 부실 사태가 벌어졌던 저축은행에도 금융 관련 공직자가 취업하여 원조 관피아인 모피아의 사기업 취업 실태를 드러냈다. 주요 권력기관인 대통령실, 검찰청, 감사원, 국정원, 경찰청과 같은 사정기관도 일반 부처에 비해 많게는 10배 이상의 취업건수가 확인되었다. 김 의원은 "국민의 권력을 불의로부터 바르게 지켜내야 할 사정기관들이 오히려 권력을 끼리끼리 나눈 것"이라고 목소리를 높였다.

중앙 부처만이 아니라 지방자치단체와 교육청도 문제는 마찬가지였다. 지난 6년여 동안 심사 건수가 52건에 불과했고, 취업제한 사례도 전무했다. 관피아 논란에서 지방, 교육 공직사회는 여전히 허점으로 남아 있었다. 그리고 이들 고위공직자가 재취업한 기업은 삼성, 현대, LG 등 상위 20개 대기업이 총 685건으로 전체의 41.3%를 차지하고 있었다. 특히 삼성과 현대가 각각 100건 이상으로 압도적인 다수를 차지하고 있었다.

김 의원은 "이런 경우 대부분 사외이사, 자문, 고문 등의 자리를 받아 경영 실무보다 대정부, 대국회 로비스트로 활동한다는 의구심을 갖게 합니다. 이는 지난 MB 정부부터 박근혜 정부로 이어지는 '대기업 프랜들리' 정책의 숨겨진 원인이 이렇게 퇴직 공직자를 로비스트로 대거 채용한 것 때문은 아닌지 의구심을 가질 수밖에 없는 상황"이라고 지적했다.

대통령이 직접 나서서 '관피아 척결'을 얘기하던 2014년 4월 세월호 참사 이후의 한국사회 관경유착의 실태였다. 김 의원은 "정부가 그동안 입으로는 관피아 척결을 말하지만, 실상은 허술한 법체계와 관행적인 심사를 통해 오히려 면죄부를 주며 관피아를 키워온 것으로 드러난 것"이라며 이미 발의해놓은 '관피아 방지법'이라는 공직자윤리법 개정안을 신속히 처리해줄 것을 촉구했다. 김 의원의 '관피아 방지법'은 취업 제한 직무연관성을 부서에서 기관으로 확대하고, 관련 정보를 투명하게 공개하고, 위반시 처벌 또한 현실화하는 것 등을 주요 내용으로 하고 있는 것이었다.

세월호 참사로 '국가 개조'를 할 것처럼 떠벌리던 박근혜 정권은 법안 처리를 차일피일 미루며 그해 연말까지 끌고 갔다. 새누리당 김진태 의원은 "이 법은 직업 선택의 자유를 지나치게 침해한다"는 따위로 딴죽을 걸어 법사위에서 보류시키기도 하는 등 새누리당을 통한 관피아의 저항이 얼마나 집요한가를 보여주기도 했다.

21세기에 삐라의 유령이 떠돌고 있다

–'카카오톡' 검열에 삐라 살포로 맞서다

2014년 대한민국에서 기이한 망명사태가 벌어졌다. 망명자 수는 10월 중순에 이미 2백만 명을 넘어서고 있었다. 반정부 인사뿐만 아니라 여당 국회의원, 판검사 등 체제의 수호자들조차 망명대열에 동참하고 있었다. SNS메신저 '카카오톡'에서 '텔레그램'으로의 망명이었다.

해외토픽으로 대서특필될 만한 이 사건의 발단은 '레이디가카', 혹은 '말이안통하네또' 등의 별명으로 불리는 박근혜 대통령이 "대통령에 대한 모독이 도를 넘었다"는 한마디로부터 시작되었다. 대통령의 호위무사를 자처하는 검찰은 즉각 카카오톡을 털었고 다음카카오 측은 고객들의 신상을 검찰에 고분고분 갖다 바쳤다. 분노한 시민들은 카카오톡을 버렸다. 카카오톡은 SNS메신저업계에서 세계적 경쟁력을 갖고 있었다. 그러나 정부의 IT 검열로 인해 그 위신은 하루아침에 폭락했고 치명적인 타격을 받았다. IT강국 대한민국의 '창조경제'를 파괴하고 있는 것은 다름 아닌 박근혜 정부와 검찰이었다.

정의당 노회찬 전 대표는 이같은 세태를 비판하며 '노유진의 정치카페'를 통해 "박근혜 대통령을 향한 삐라 살포를 표현의 자유 차원에서 실시하자"고 제안했다. 노회찬은 반북단체들이 북한체제를 비판하는 삐라 살포에 대해 정부가 '표현의 자유'를 보장해야 하므로 단속할 수 없다는 말을 그대로 받아서 이제 표현의 자유 영역에서 가장 안전한 곳은 삐라밖에 없다고 주장했다.

정의당은 이 제안을 곧바로 실행에 옮겼다. 박정희 정권 붕괴의 도화선이 된 부마민중항쟁일인 10월 16일, 정의당은 광화문 세종대왕상 아래서 노란 풍선에 '각하 제 카카오톡 좀 엿보지 마세요', '나의 은밀한 밴드를 허하라'는 등의 메시지를 담은 삐라를 매달아 청와대 쪽으로 날려 보냈다. 21세기 IT강국에서 19세기 삐라가 찬란하게 부활하는 순간이었다. 정의당의 이 같은 공개적인 삐라 살포 퍼포먼스 이후 행위 예술가를 비롯한 일반 시민 등 다양한 사람들이 박근혜 정부를 비판하는 삐라 살포 대열에 동참했다. 바야흐로 21세기 대한민국에 삐라의 유령이 배회하기 시작한 것이다.

자원외교 비리의 꼬리를 잡다

-'작지만 강한' 당, 정의당의 정책 국감

이명박 정권의 자원외교 비리는 정의당 김제남 의원의 국정감사 과정에서 드러났다. 김 의원이 수십조의 혈세를 낭비한 자원외교의 실패와 직무유기와 배임의 실상을 고발함으로써 자원외교 비리의 숨겨진 진실이 터져 나온 것이다.

2014년 10월 27일 김 의원은 민변과 참여연대와 함께 이명박 정권의 자원외교 사업 중 하나인 멕시코 볼레오 동광 개발사업의 부도 사실을 숨기고 총 2조 원의 혈세를 투입했다는 걸 밝혀냈다. 김 의원은 감독기관인 산업자원통상부가 이 사실을 묵인했고 감사원도 꼬리자르기식 감사를 함으로써 이 국가범죄의 공범자임을 드러냈다.

자원외교

김제남 의원의 폭로로부터 시작된 이명박 해외 자원외교 비리는 추정손실액 56조 원으로 그 규모가 눈덩이처럼 불어났다. 4대강에 들어부은 혈세의 두 배를 초과하는 천문학적 액수다. 영유아 보육을 위한 누리과정 정부 예산이 2015년 3조 9천억이고, 무상급식에 필요한 예산이 대략 2조라고 하는데 이명박 정부가 쌈 싸 먹은 56조면 9년간은 아이들 키우고 먹이기에 충분한 돈이다.

국민들은 허리띠를 졸라매고 있는데 부패한 정부가 흥청망청 국고를 탕진해왔음이 드러나면서 국민들의 분노가 폭발했다. 박근혜 정부와 여당으로서도 이를 묵살하고 넘어갈 수 없게 되었고 결국 자원외교 비리에 대한 검찰수사까지 추진되었다. 김제남 의원과 정의당이 그 도화선이 된 것이다.

참으면 윤 일병, 터지면 임 병장

–'군인권기본법' 발의한 심상정, "군인은 '군바리'가 아니라 '제복을 입은 시민'이다!"

병장 월급은 2020년에 54만 900원으로 2010년 9만 7천500원에서 6배 가까이 올랐다. 복무기간은 육군 21개월에서 18개월, 공군은 24개월에서 22개월. 패딩점퍼를 부대 안에서 입을 수 있고, 생활관에서 스마트폰 사용, 인터넷 강의 수강 지원 비용도 증액되었다. 이것은 심상정 의원이 '군인은 제복 입은 시민'이라고 선언하며 군인권기본법을 발의한 이후 빠르게 신장된 '청년'으로서의 군인의 지위 변화다.

2014년 4월 경기도 연천군에 있는 육군 28사단 포병부대에서 벌어진 윤일병 집단 구타 사망 사건과 그해 6월 동부전선 GOP에서 총기난사로 다섯 명을 죽인 임병장 무장 탈영사건이 잇따라 터졌다. 그 후 대한민국 군대 현실을 빗대 '참으면 윤일병, 터지면 임병장'이라는 말이 떠돌았다. 멀쩡한 청년이 선임병들에 의해 지속적으로 괴롭힘을 당하다 맞아 죽었고, 이른바 '관심사병'이라는 군 부적응자를 최전방 경계초소에서 기수 열외의 왕따를 당하도록 장기간 방치한 결과 총기사고가 터졌기 때문이었다.

부모들은 "참으면 윤일병이 되고, 못 참으면 임병장이 되는 현실에서 어떻게 아이들을 군대에 보낼 수 있겠느냐?"며 대한민국 군대에 강한 불신을 드러냈다. 군인권센터, 민주사회를 위한 변호사모임, 참여연대 등 시민단체들도 9월 24일 '군대 내 인권보장을 위한 공동행동'이라는 단체를 발족시켜 군인권기본법 제정을 촉구했다.

정의당 심상정 원내대표는 이와 같은 입법 청원운동의 흐름을 받아 안아 12월 2일 군인의 기본적 권리를 법적으로 보장하는 군인권기본법 제정법률안을 대표 발의했다. 심상정 의원은

터지면
임병장
참으면
윤일병
이제
그만!!

군인을 '제복을 입은 시민'으로 규정했다. 소위 '군바리'라는 비속어에 가려져 헌법이 보장하는 기본권에서 열외 취급하는 인식을 근본적으로 바꾸어야 한다는 의미였다. '국방의 의무'라고 떠들어놓고 군대에 강제징집해서는 죽이거나 불구자를 만들어버리는 야만은 용납되어서는 안 된다는 것이었다.

심 의원은 서신과 통신의 자유, 양심의 자유, 종교의 자유, 언론과 출판의 자유, 집회와 결사의 자유와 같은 국민 일반이 누리는 기본권이 군대라는 이유로 제약되어서는 안 되며 가족과 외부인과의 접견권이 보장되어야 한다는 점을 못 박았다. 나아가 임면, 보직 및 진급에서 성별이나 종교 또는 사회적 신분 등의 이유로 차별받지 않아야 한다는 것과 평시에는 근무시간 외 자유시간을 보장해 자기계발을 위한 학습과 훈련의 기회를 충분히 제공받아야 한다고 명시했다.

심 의원은 "군인이 군 복무 중에도 보장받아야 할 기본적 인권의 취지로서 군인의 기본적인 권리의 법적 관계를 구축하도록 해 군인의 군 복무에 대한 자긍심과 국민의 신뢰를 높여 궁극적으로 선진 정예 강군을 육성하고자 하는 것"이라고 발의 배경을 밝혔다.

땅콩의 분노와 갑질의 회항

–정의당, 검증되지 않은 재벌 3세 경영의 위험성을 지적하다

2014년 12월 5일 새벽 0시 50분. 미국 뉴욕 JFK 공항에서 인천으로 출발하기 위해 탑승구를 떠나던 대한항공 비행기가 갑자기 뒷걸음쳤다. 이른바 '땅콩 리턴(회항)' 사건. 활주로로 가던 비행기가 다시 돌아가는 램프리턴은 비행기 정비나 승객 안전에 문제가 생겼을 경우 등에만 적용된다. 그런데 대한항공기의 램프리턴은 그런 게 아니었다. 승무원이 마카다미아 땅콩을 접시에 담아 오지 않았다고 분노한 1등석 승객 조현아 대한항공 부사장이 박창진 사무장과 승무원을 무릎 꿇리고 욕설을 퍼붓다가, 결국 자기 성질에 못 이겨 막무가내로 비행기에서 내리라고 해서 벌어진 일이었다. 자신의 잘못이 문제였음에도 스튜어디스와 사무장이 마치 서비스 매뉴얼을 지키지 않은 것처럼 인격을 무참히 짓밟아놓고 기어이 사무장을 공항에 떨구어놓은 것이다.

이 기상천외한 사건에 대해 영국 BBC는 "땅콩 분노(Nut rage)가 대한항공 여객기를 늦췄다"며 한 개인의 분노가 모든 승객의 시간을 빼앗을 수도 있느냐고 물었다. 가디언지도 "북한의 고려항공이 대한항공보다 나은 이상한 순간" 등 트위터 게시물을 함께 인용하며 보도했다. 미국의 〈월스트리트저널〉, 프랑

땅콩봉지 안뜯어? 너, 내려!!
갑질하네! 너나 내려!!
막가다 미아 되어버렸네. ㅋㅋ..

스 〈AFP통신〉, 스페인 언론 〈라 반구아르디아〉, 독일 〈DPA〉 통신 등에서도 일제히 보도했고, 〈야후재팬〉에서는 최다 조회 기사 1위에 등극하기도 하는 등 대한민국 국호를 쓴 'KOREA AIRLINE'은 땅콩과 나란히 세계 토픽으로 장식되어 '국격'을 시궁창에 처박아놓았다. 조현아의 '황제 갑질' 소식은 진보, 보수를 가리지 않고 온 나라에 분노의 해일을 일으켜놓았다. 우리 사회 각종 갑의 횡포에 시달린 사람들은 이 문제를 재벌 사장 딸의 '개인적 일탈'로만 보지 않았다.

정의당 심상정 원내대표는 한 라디오 대담에서 "재벌대기업들이 3세 경영체제로 들어서면서 경영능력도 검증되지 않은 사람들이 단지 핏줄이라는 이유로 세습경영을 하는 전근대적 기업문화의 민낯이 적나라하게 드러난 사건"이라고 규정하고 "노동자들을 제 집 종처럼 부리는 인권유린이 버젓이 자행되는 것도 기업문화가 그만큼 전근대적이기 때문"이라고 지적했다. 따라서 조현아의 '땅콩 회항'이라는 황제 갑질 사건은 정부의 개입만으로 하루아침에 해소되기 힘들고 "산업민주주의의 관점에서 문제를 찾아야 한다"고 주장했다. 사실 노동자의 대항권이 충분히 보장되어 있다면 이 같은 어이없는 일은 불가능했을 것이다. 외신이 북한의 수령체제에 비기며 황당해 하는 것은 한국의 기업 문화가 가진 후진성을 꼬집은 것이다.

소유와 경영의 분리는 그저 책에 나오는 공문구일 뿐 현실에서는 재벌 3세에게까지 경영이 세습되는 것이 한국적 상황이다. 이것이 극복되지 않는다면 조현아의 '황제 갑질' 같은 일뿐만 아니라 한국 경제 전체가 위기에 처할 수 있다. 조현아의 '땅콩 회항'은 재벌 3세라는 땅콩들에 발목 잡혀 한국 경제가 이륙을 포기하고 회항하는 우화였다.

조현아 땅콩 회항 사건 이후 2018년 4월 그 동생 조현민 전무의 물컵 폭행 갑질이 또다시 알려지자 재벌 일족의 갑질에 대한 비난 여론이 들끓었다. 조양호 일가의 갑질 경영에 숨죽여 오던 대한항공 직원들도 움직이기 시작했다. 2018년 5월 4일 저항의 상징 '가이포크스' 가면을 쓴 이들이 광화문 세종문화회관 계단에 삼삼오오 모여들었다. 순식간에 500여 명으로 불어난 이들은 '재벌 2세로 이어지는 족벌 경영이 대한항공을 망친다'며 "갑질 OUT!"을 외쳤다. 사회를 맡은 '땅콩 회항' 사건 피해자 박창진 전 사무장이 마이크를 들었다. 그는 "우리는 대한항공을 음해하려고 온 게 아니라 대한항공이 내부 직원과 국민 모두에게 사랑받는 존재가 되게 하려고 온 것"이라고 말문을 열었다. 울분을 삼키고 있던 을들이 들불처럼 일어나는 순간이었다.

통합진보당 해산 판결

-선출되지 않은 권력이 국민으로부터 선출된 통치자를 공격하다

먼 훗날 우리 후손들이 '12월 19일 오늘의 역사'를 검색하면 두 개의 역사적 사실을 확인할 수 있을 것이다. 하나는 박근혜 대통령의 당선일, 다른 하나는 통합진보당 해산일이라는 이름으로. 그런데 민주주의의 역사책에는 이렇게 기록될 것이다. '부정선거로 당선된 대통령이 국정원 대선개입 사건의 더러운 흔적을 지우기 위해 통합진보당 해산심판을 청구했고, 십상시와 문고리 3인방의 비선권력 국정농단이 드러나며 궁지에 몰리자 애꿎은 희생양으로 통합진보당을 해산함으로써 그의 당선 일을 저주의 날로 만들어버렸다'고.

2014년 12월 19일은 대한민국 민주주의가 선출되지 않은 권력인 헌법재판소에 의해 심각한 손상을 입은 날이다. 헌재가 통합진보당을 위헌정당으로 규정하고 해산 판결을 내린 것은 1987년 6월 민주항쟁을 통해 탄생한 그가 자신의 어머니인 민주주의의 등에 칼을 꽂은 사건이었다.

정의당은 통합진보당 해산심판 청구에 대통령이 서명할 때부터 줄곧 정당의 존립 여부는 주권자인 국민의 선택과 심판에 달려 있는 것이지 '선출되지 않은 권력'에 의해 탈취될 수 없는 국민 주권의 문제라고 거듭 주장해왔다. 특히 통합진보당 해

통진당해산
아놔~!

산 심판 청구의 근거가 된 이석기 내란음모 사건은 대법에서 무죄 판결을 한 이상 청구 이유 자체가 원인 무효가 된 것이므로 통합진보당 해산심판 청구 자체가 기각되어야 한다고 주장해왔다. 세계 헌법재판기관 협의체인 '베니스위원회'도 정당해산제도는 활용하지 않는 것이 최선이며, 국가의 안전보장을 위해 부득이한 경우라도 그 범위는 최소한에 그쳐야 하며, 정당해산이 아닌 다른 수단이 있다면 그것을 택해야 한다는 지침을 제시한 바 있다.

그러거나 말거나 헌재는 굳이 대통령 당선일인 12월 19일에 맞춰 서둘러 해산 판결을 내려버렸다. 헌재는 정부의 주장을 거의 그대로 받아들였고, '주도세력'에 의한 위헌적 활동이 해산 이유라고 밝혔다. 소위 주도세력에 의한 북한 추종, 내란 선동, 비례 경선 부정, 관악 부정 경선이 이루어졌기 때문에 정당 전체가 위헌정당이라는 논리였다. 이것은 베니스위원회의 지침을 정면으로 거스르는 논리였다. 그 정체도 모호한 '주도세력'을 마치 정당 전체인양 침소봉대하고, 정당 해산 이외 다른 수단을 검토하려는 어떤 노력도 하지 않은 것이다.

정의당은 대변인 특별 성명에서 "일부 주도세력에 의해 주도된 정치행위를 정당 전체가 한 것으로 여긴다면 한국사회 어떤 정당이 이 문제에서 자유로울 수 있겠는가?"라고 묻고 "이번 판결은 명백한 실체적 위협이 없어도 정치적 찬반에 따라 정당을 해산할 수 있는 길을 열어준 것"이라 규정했다.

통합진보당은 박근혜 정부의 증오 정치에 의해 역사의 뒤안길로 사라져버렸다. 그와 함께 대의민주주의와 정당민주주의도 심각한 타격을 받게 되었다. 통합진보당 해산 사건은 '자신에 적대하는 정당 세력을 절멸시키는 증오의 정치 하에서 민주주의가 정상적으로 성장하는 것을 기대할 수 있을까?'라는 의문을 던지는 사건이었다.

쌍용차 정리해고는 기업주 마음대로?

-대법원의 사법농단은 노동자를 죽음으로 몰아넣는다

2014년 12월 13일 새벽 4시경 매서운 추위를 뚫고 평택 쌍용자동차 공장의 70m 굴뚝에 두 명의 노동자가 오르고 있었다. 금속노조 쌍용자동차 지부 김정욱 사무국장과 이창근 정책기획실장이 그들이다.

이들이 굴뚝에 오르기 한 달 전인 11월 13일 대법원은 쌍용자동차 정리해고는 정당했다고 최종 판결했다. '긴박한 경영상의 필요도, 해고 회피 노력도' 하지 않았으므로 해고가 무효라는 서울고법의 판결은 간단히 뒤집혔다. 6년간을 기다려온 희망의 불씨가 꺼지는 순간이었다. 지난 6년간 25명이 스스로 목숨을 끊거나 심근경색 등의 병으로 사망하는 일이 발생했다.

'쌍용차 해고자'라는 낙인 때문에 평택을 떠나 떠돌아야 했으며, 47억의 손해배상 판결로 가위눌려왔다. 그런데 또다시 기약 없는 싸움을 해야 한단 말인가? 대법원 법정은 해고자들의 눈물바다가 되었다.

고법 판결 이후 회사 측은 법률 대리인으로 '전관예우'를 받는 대법관과 서울고법 출신 변호사 19명을 대거 선임했다. 고법처럼 '법리적 해석'을 해서는 승산이 없다는 걸 회사 측은 간파했다. 오직 전관예우만이 정의의 눈을 가릴 수 있었다. 아니나 다를까 주심 박보영 대법관은 고법에서 주요하게 채택된 사측의 회계조작 증거도 무시하고 "인력 조정 규모는 경영자의 판단을 존중해야 한다"며 원심의 판결을 깨버렸다.

정리해고의 요건을 '긴박한 경영상의 필요'와 '해고 회피 노력'이라는 두 가지로 엄격히 제한한 것은 1988년 정리해고제도가 도입될 당시 재계와 노동계 간 사회적 합의의 산물이었다. 따라서 '인력 조정 규모는 경영자의 판단을 존중해야 한다'는 것은 기업 측의 입장만 일방적으로 대변한 것으로 사회적 합의 자체를 부정하는 판결이었다. 나아가 이와 같이 기업의 무한 자유를 강조하는 대법의 판결은 제2, 제3의 쌍용차 사태를 낳을 수 있는 지극히 위험한 판례가 아닐 수 없었다. 정부에서도 대법 판결을 따라 정리해고의 요건을 완화하겠다는 의도를 공공연히 드러냈다.

이에 정의당 심상정 의원은 "우리 사회를 파국으로 내모는 일"이라며 강력히 성토하며 법원이 자의적으로 법해석을 하지 못하도록 '긴박한 경영상의 필요로 보지 않는' 사유를 구체적으로 명시하는 근로기준법 24조 1항 개정안을 냈다. 심 의원은 다음 각 호를 긴박한 경영상의 필요로 보지 않는다고 했다. 첫째, 생산성 향상을 위한 구조조정과 업무형태 변경. 둘째, 신기술 도입이나 업무방식 변경 등 기술적 이유. 셋째, 업종전환. 넷째, 일시적인 경영악화. 다섯째, 장래의 경영 위기에 대처. 여섯째, 기타 대통령령으로 정하는 사유.

그러나 박근혜 정부는 긴박한 경영상의 필요에 의한 정리해고 요건을 완화하는 것 말고도 일반 해고의 요건마저 완화하는 노동개악을 '미룰 수 없는 노동시장 개혁'의 이름으로 밀어붙이고 있다

원자력안전위원회는 한수원의 거수기인가?

-정의당, 시한폭탄 월성1호기 수명연장에 '인간 띠 잇기'로 맞서다

2015년 2월 27일 국민들의 압도적인 반대를 무릅쓰고 원자력안전위원회(이하 원안위)가 노후 원전인 월성1호기의 수명 연장을 가결했다. 정의당은 이에 앞서 원안위 회의가 개최되는 광화문 KT 빌딩을 에워싸는 '인간 띠 잇기'를

통해 월성1호기의 폐쇄를 강력히 촉구했다. 정의당 심상정 원내대표는 "오늘 원자력안전위원회가 표결 결정을 감행한다면 그것은 국민의 생명, 국가의 안전을 사지로 내모는 범죄행위"며 "원안위는 월성1호기 수명 연장을 결정할 자격도 능력도 없다"고 못 박았다. 그러나 원안위는 안전성도 없고 경제성도 없다고 지적받은 월성1호기의 계속 운전을 허용하고 말았다.

15시간 동안 진행된 회의 과정에서 월성1호기가 최신 안전기준을 충족하고 있지 못하다는 비판과 함께, 주민의 의견을 수렴하지 않았다는 점, 그리고 무자격 위원의 참가를 허용한 점 등이 지적되었음에도 이은철 위원장과 다수 원안위원들은 그 모든 것을 무시했다. 자정을 넘기며 표결처리를 하려고 들자 방청을 하던 정의당 김제남 의원은 "자정을 넘겨 정신이 혼미한데 극도의 피로감을 갖고 하려 한다"고 목소리를 높였다. 9명의 위원 중 환경운동연합의 김혜정 위원과 동국대 김익중 위원은 표결해서는 안 된다며 회의장을 박차고 나왔다. 표결은 강행되었다. 그리고 이은철 위원장은 "국민의 안전을 위해 최대한 노력한 끝에 내린 결정"이라며 위험천만한 수명연장안 표결처리를 변명했다.

원안위의 독립성과 객관성은 2011년 10월 26일 위원회의 탄생과 동시에 의심을 받아왔다. 발족한 다음 날인 10월 27일 초대 강창순 위원장은 '한국원자력학회'를 첫 방문지로 선택해 구설수에 올랐다. 그곳은 한수원, 두산중공업, 삼성물산 등 원전 사업자가 다수 참가하는 곳이었다. 원안위는 사업기관으로부터 독립해 안전과 규제 업무를 책임져야 했다. 일본의 경우도 안전규제기관과 사업기관이 분리되지 않아 후쿠시마 원전 참사를 당했다고 비판받고 있는 상황이었다.

월성1호기 수명연장을 원안위가 강행하려는 것은 일찌감치 감지되었다. 원안위원 중 조성경 교수는 2011년 11월까지 한수원의 신규원전부지 선정위원으로 활동한 자였다. 원안위 설치 및 운영에 관한 법률에는 '최근 3년 이내 원자력 이용자와 이용자 단체가 수행하는 사업에 관여했거나 하고 있는 사람'을 제외해야 한다고 명시되어 있다. 원전사업자의 이익을 위해 종사한 무자격자가 위원으로 계속 활동해온 것이다. 그를 배제하라는, 정의당을 비롯한 환경단체와 지역주민들의 목소리를 이은철 위원장은 무시했다. 조성경 위원은 월성1호기의 수명 연장을 결정하고 난 다음 주민 의견을 수렴하면 된다는 말도 안 되는 논리를 펼치며 '주민수용성 확보가 선결되어야 한다'는 원칙을 부정한 자였다.

월성1호기는 격납용기 안의 압력이 상승할 때 방사능 물질 유출을 막기 위해 수문을 설치해야 한다는 최신안전기준이 적용되지 않은 노후원전인데도 원안위는 이를 무시했다. 원안위는 안전과 규제 기관으로서의 독립성과 객관성을 완전히 상실한 채로 한수원의 거수기로 전락한 것이다.

2019년 12월 24일 원안위는 월성1호기를 영구정지하기로 결정했다. 10년 연장을 결정해 놓고 5년도 못 되어 한수원 스스로가 경제성 없다고 판단해 폐쇄하겠다고 한 것을 원안위가 받아들인 것이다.

2012년 1월 20일 조석 지식경제부 2차관은 한국원전수출산업협회 신년 인사회에서 "우리 원자력계 일하는 방식 있지 않나? 연장 허가가 날 것을 기정사실화하고 7천억 원 돈부터 집어넣지 않았나? 그리고 허가 안내주면 7천억 날린다고 큰일 난다고 할 것 아니냐?"라고 원전마피아의 일하는 방식을 스스럼없이 드러낸 바 있다. 그런 그를 이듬해 2013년 9월 17일 한수원 이사들이 사장으로 선임했고 월성1호기를 영구정지하기로 한 지금도 사장이다

"대표는 늘리고 특권을 줄이자"

-심상정 원내대표, 국회의원 정수 360명으로 확대 돌직구 제안

2015년 3월 15일 정의당 심상정 원내대표가 작심한 듯 의원정수를 360명으로 현행보다 60명 더 늘리자는 폭탄제안을 했다. 국회 정치개혁특위 가동을 앞두고 새로운 논점을 만든 것이다. 심상정 의원의 이 같은 제안에 찬반양론이 뜨거워졌다. 정치 불신이 극에 달한 국민들의 여론은

고울 리가 없었다. 허구한 날 정쟁과 자기 잇속을 챙기는 계파 다툼으로 지새며 민생은 외면하고 있는 것이 정치인이라는 인식이 뿌리 깊게 박혀 있기 때문에 의원 정수를 더 늘린다는 것은 여론의 몰매를 맞을 짓이었다. 심 의원은 이런 여론의 역풍을 각오했다. 오히려 정의당이라는 진보정당과 뚜렷한 소신을 갖고 있는 것으로 정평이 나 있는 '심상정'이기 때문에 할 수 있다는 소명감으로 정면 돌파를 시도했다.

유권자 절반에 가까운 표를 사표로 만들어 민심을 왜곡하는 선거제도가 문제라는 지적은 오래된 것이었다. 정당의 득표율만큼 의석을 가져가는 선거제도의 개혁은 정치학자들만이 아니라 정치권 내에서도 이견을 달 수 있는 사람이 없었다. 그러던 차에 2014년 10월 말 헌법재판소에서 현 국회의원 선거구 획정법안의 헌법 불합치 결정이 내려져 2015년 12월 31일까지 선거구의 전면적인 재조정이 불가피해졌고, 의원 정수 문제, 지역구와 비례대표의 비율 조정 문제가 곧바로 닥칠 현실적인 문제로 되었다.

여기에서 선거관리위원회가 이른바 '권역별 정당명부 비례대표제와 석패율 제도'를 제안하고 나서면서 본격적인 정치개혁 논의가 다시 시작된 것이었다. 선관위의 개혁안은 의원정수는 그대로 두고 지역구 200, 비례대표 100석으로 조정하자는 것이었다. 이렇게 되면 지역구 의석이 46석 줄어들게 된다. 지역구에 기득권을 가진 현역 의원들은 반발할 수밖에 없었다. 새누리당에서는 오히려 비례의석을 줄이고 지역구 의석을 늘리는 방안이 솔솔 흘러나오기도 했다. 새정치민주연합은 문재인 대표의 대선후보 공약이 선관위와 같은 '권역별비례대표제'였음에도 꿀먹은 벙어리처럼 아무 말도 못하고 있었다.

심상정 의원은 이처럼 기득권 정당에서 지역구 축소를 수용할 수 없을 것이라는 현실을 인정하고 국회의 대표성을 강화하는 정치개혁안을 제시했다. 한마디로 '국회의원 특권은 줄이고 대표는 증원하는 것'이었다. 현재 대한민국 국회의원 수는 OECD 평균보다 30~60명 부족하다. 서울대 조국 교수의 지적대로 "국회의원과 몇몇 보좌관이 상임위 소관 평균 10개 정부기관을 조사, 견제하는 황당한 상황"인 것이다. 심 의원은 세비 20% 삭감, 운전비서 폐지, 해외출장 등 의원활동의 투명한 개혁을 통해 국회 운영에 드는 총비용을 동결하면서도 의원 정수를 늘릴 수 있다는 주장을 펼쳤다. 조국 교수도 이에 동조해 국회의원의 비업무적 특권은 줄이고 '업무적 특권'과 질박한 '동료 시민성'을 갖춘 의원이 많아져야 민주주의도 행정부와 재벌에 대한 견제도 강화될 수 있다고 거들었다.

사실 정치를 '비용 절감'이라는 경제논리로 보면 정치의 축소가 불가피하다. 국세를 낭비하지 않고 비용을 절감하려면 극단적으로는 국민의 대표기관인 국회를 없애는 게 낫다. 그 결과는 무엇인가? 민의를 대변하는 민주주의는 사라지고 행정 독재만 남게 되는 것이다. 그러나 가까운 예로 행정부의 일방 독주에 의해 해외 자원외교에서 40조의 혈세가 증발된 것만 보더라도 과연 민의의 대표기관을 약화시키는 것이 반드시 국세 낭비를 줄일 수 있는 길인지 되묻지 않을 수 없다. 우리보다 훨씬 많은 국회의원을 갖고 있는 민주주의 선진국이 경제적으로도 풍요로운 것을 보면 민주주의를 위한 비용이 국민의 후생 복리를 증진시키는 길임을 알 수 있다. 따라서 대표를 축소하고 정치의 비용을 줄여야 한다는 논리의 이면에는 견제받지 않으려는 행정부와 사회권력들의 숨은 의도가 깔려 있는 것이다.

2016년 총선, 반격의 시작

-창원 성산구에서 부활한 노회찬

2016년 진보개혁진영의 총선 전망은 암담했다. 각종 여론조사에서 새누리당이 압도적인 우위를 보였다. 정치 평론가들의 대다수가 새누리당의 압승을 전망했고 새누리당 단독 180석 확보로 개헌선을 확보할 것이라는 전망도 우세했다.

총선 직전 새누리당은 '테러방지법'이라는 이름으로 국정원이 모든 국민을 감시하는 '빅브라더' 법안을 들고 나와 야당을 밀어붙였다. 박근혜 대통령이 어디서 들었는지 "IS가 대한민국에 테러방지법이 없다는 사실을 알게 되었다"는 한 마디에 이런 사단이 난 것이다. 테러의 무풍지대였던 대한민국이 테러 위험지대가 될 것이라는 막연한 공포를 유포하며 영장 없는 통신 감청, 금융정보를 포함한 무차별 정보수집 등 인권을 위협할 수 있었다. 야당은 국회선진화법에 따라 이 법안 입법을 저지하기 위해 2월23일 '필리버스터'라는 무제한 토론을 신청하며 맞섰다.

사상 초유의 필리버스터가 국회방송으로 생중계되면서 야당 지지자들은 "오랜만에 국회가 밥값을 한다"며 관심 있게 지켜보았고 사회적 토론도 뜨겁게 달아올랐다. 박근혜 대통령은 필리버스터에 대하여 "이것은 정말 그 어떤 나라에서도 있을 수 없는 기가 막힌 현상들이라고 생각한다"며 부정적인 입장을 표했다. 그러나 필리버스터는 박근혜가 몸을 담았던 새누리당의 공약이었다. 물론 테러는 방지되어야 한다. 그러나 그것은 타자에 대한 배제와 혐오가 아니라 관용과 포용을 실천할 때, 우리 스스로가 국제적으로 존경받는 인권국가로 튼튼히 설 때 이루어지는 것이다. 막연한 공포를 조장하고 인종주의나 배외주의적 태도를 취하는 것은 오히려 우리를 더 큰 위험에 노출시키는 것이며 민주주의를 억압함으로써 권력에 의한 테러독재를 불러들이는 것이다.

정의당은 박원석, 김제남, 서기호 의원을 비롯해 정진후 원내대표와 심상정 대표까지 전원 필리버스터에 참여해 테러방지법안 반대토론을 이어갔다. 국정원의 영장 없는 통신감청, 금융정보를 포함한 무차별 정보수집과 조사를 가능하게 하며, 국정원이 초법적 권한을 가지게 할 우려가 있다는 야당의 토론을 지켜본 국민들은 이 법안에 대한 여론 지형을 바꾸어놓았다.

2015년 내내 역사 왜곡 국정교과서를 강행하려던 박근혜 대통령의 독주도 중도층에게 피로감을 안겨주고 있던 차에 다수 의석만 믿고 일방적으로 밀어붙이는 새누리당에 대한 반발 정서가 점차 확산되어나갔다. 그러나 박근혜 대통령의 의지는 여당 내 합리적 보수세력의 입마저 막아버렸고 이른바 '친박'의 일방 독주 기반만 강화시켰다.

20대 총선은 여론조사와 투표 결과가 정반대로 나온 선거였다. 모든 여론조사 기관들이 압승을 예고한 새누리당은 거꾸로 참패했다. 1당은 민주당이 먹었고, 호남에서 안철수가 이끈 국민의 당이 지역을 석권했다. 민주당에 대한 심판도 이루어진 것이다. 박근혜가 진실하지 못한 사람이라며 심판해달라던 새누리당 원내대표였던 유승민은 대구동을에서 무소속으로 출마해 당선됨으로써 '친박', '진박(친박 중에서도 '진실한 박근혜 세력')'을 가려 공천하던 새누리당의 공천 파동은 새누리당 입장에서는 참혹한 결과를 불러왔다.

정의당은 대법원의 '삼성 X 파일' 사건 유죄 판결로 의원직을 잃었던 노회찬을 창원 성산구에 내려 보냈다. 노회찬이 어디로 출마해야 하는가는 당 내외에서도 많은 관심을 모았다.

경남 도의원이자 경남도당 위원장인 여영국 위원장이 강하게 요청했다. 진보정치 1번지라는 창원을 복원해야 한다는 것이었다. 자신의 지역구를 놔두고 지역을 옮긴다는 건 쉽지 않은 결정이었다. 그러나 노회찬은 "저는 이번 총선에서 진보 정치의 1번지 창원을 복원하라는 정의당 당원들의 명령과, 정권 교체의 밀알이 되라는 시민들의 요청을 겸허하게 받아들이겠다"고 밝혔다. 창원 성산이 '진보 정치 1번지'로 불리는 이유는, 과거 전국 최초로 진보 정당 지역구 의원을 배출한 곳이기 때문이다. 17·18대 국회에서 권영길 의원이 이 지역구(당시 지역구 명칭은 '창원을') 의원으로 국회에 진출했다.

노 전 대표는 출마 선언문에서 "이번 총선에서, 집권 여당의 일당 독재 지역인 경남에서부터 새누리당을 견제하지 못한다면 지금은 상상하기도 어려운 역사의 퇴행이 불가피할 것"이라며 야권 연대를 통한 후보 단일화 과정을 거쳐 새누리당 강기윤 후보와 1대 1로 맞섰다. 노회찬은 자신이 수도권이 아니라 새누리당의 아성인 경남지역에서 당선되는 것은 진보-개혁 진영의 의석이 한 석 늘어나는 것일 뿐만 아니라 새누리당 의석이 한 석 줄어들기 때문에 1석 2조라며 힘을 모아줄 것을 호소했다.

노회찬은 강기윤을 물리치고 진보 1번지 창원 성산을 기어이 탈환했다.

박근혜 대통령은 '죄의식 없는 확신범'
-노회찬, 박근혜 탄핵을 예고하다

2016년 9월 한겨레는 K스포츠재단과 미르재단이라는 민간 재단을 설립하는 과정에 재벌대기업들이 앞 다투어 800억이라는 거액의 돈을 갖다 바쳤으며 거기에는 최순실이라는 청와대 비선 실세가 개입하고 있었다는 단서를 잡아 최초로 보도했다. 박근혜 대통령의 탄핵으로 이어지는 박근혜-최순실 국정농단 최초의 퍼즐이 세상에 모습을 드러낸 순간이었다. 재단 설립은 신청 하루 만에 허가가 떨어졌고, 심사 서류도 어설피 조작해 미르와 K스포츠재단이 서로 서류를 베껴 제출했는데 문화체육관광부에서 제깍 도장을 찍어줬다는 믿기지 않는 이야기가 보도되었다. 도대체 어떤 정도의 권력이기에 재벌들의 팔을 비틀어 돈을 뜯어내고 문화체육관광부로 하여금 찍소리도 하지 못하게 만들 수 있단 말인가? 여기에 최순실이 정윤회의 부인이라는 사실이 밝혀지고 권력서열 1위가 사실은 최순실이라는 궁중사극과 같은 이야기가 떠돌았다.

한 달 내내 두 재단과 비선 실세 최순실에 대한 의혹이 보도되는 과정에 박근혜 대통령은 좋은 일을 하겠다는 스포츠 재단에 재벌들이 돈을 댄 것이 무슨 문제냐는 태도를 보였다. 이에 대해 정의당 노회찬 의원은 10월 21일 국정감사장에서 대통령이라 하더라도 치외법권 지역에 있는 것은 아니며, 위력에 의한 강제 모금을 하면서도 이것이 왜 문제가 되는지 모르겠다는 식이면 '죄의식 없는 확신범' 같은 상태에 놓여 있는 것이라고 지적했다. 이 발언에 대해 새누리당 의원들은 노회찬 의원을 윤리위원회에 회부해야 한다고 난리를 피우며 국정감사를 중단시켰다. 새누리당 의원들은 노회찬 의원의 발언에 대해 "이견이 있어도 한 나라의 현직 대통령이고 국가 원수"라며 "죄의식 없는 확신범이라는 표현은 배격해야 한다"고 사과할 것을 요구했으나 노회찬 의원은 "강제모금이라면 위력에 의한 업무방해행위인데 대통령은 선행이나 미담 정도로 말하고 있다. 전혀 죄의식이 없다. 확신범이라는 게 뭐냐? 죄가 된다는 것을 모르는 것이 확신범"이라며 "대통령이 법을 어긴 정도가 현저하면 탄핵소추도 할 수 있다"고 한 치도 흔들리지 않고 맞섰다.

사흘 후인 10월 24일 JTBC 뉴스룸에서 최순실-박근혜의 국정농단 증거물인 태블릿 pc 보도를 터뜨렸다. 노회찬은 자신의 주장이 한마디도 틀리지 않았다는 걸 입증했으며 박근혜 대통령의 운명도 예고한 셈이었다.

탄핵
-78%의 국민 여론을 정확히 반영한 78%의 국회 의결

2016년 최순실-박근혜 국정농단 논란이 한참인 가운데 최순실의 딸 정유라의 이화여대 부정 입학 논란이 일었다. 정유라가 "부모 잘 만난 것도 능력"이라고 한 말이 국민들의 가슴에 불을 질러놓았다. 노회찬 의원은 말했다. "국민들이 분노한 것은 이 말이 거짓이 아니라 사실이었기 때문입니다. 한갓 철부지의 철없는 말이 아니라 우리 모두가 알고 있는 대한민국의 치부에 대한 조롱이었기 때문입니다"

시민들은 한 손에는 '박근혜 하야'와 또 한 손에는 '이것이 나라냐?'라는 손팻말을 들고 촛불을 밝혔다. 2016년 겨울 대한민국을 활활 태운 촛불은 비단 선출되지 않은 비선 실세 최순실의 국정 농단에 대한 분노 때문만이 아니었다. 노회찬은 최순실-박근혜 국정농단 사건은 도화선에 불과했다고 말했다. '이것이 나라냐?'는 물음에는 불공정과 불평등이라는 인화물질로 가득한 대한민국의 현실에 대한 뿌리 깊은 분노가 응축되어 있었다.

비선 실세가 대통령의 국정을 좌지우지했다는 움직일 수 없는 증거인 태블릿 pc가 폭로된 다음 날인 10월 25일 박근혜 대통령은 "최순실 씨는 과거 제가 어려움을 겪을 때 도와준 인

연으로 지난 대선 때 주로 연설, 홍보 분야에서 저의 선거운동이 국민에게 어떻게 전달되는지에 대해 개인적 의견이나 소감을 전달해주는 역할을 했습니다. 취임 후에도 일정 기간 동안은 일부 자료들에 대해 의견을 들은 적은 있으나 청와대 보좌체계가 완비된 이후에는 그만뒀습니다… 국민 여러분께 깊이 사과드립니다"라는 식의 꼬리자르기식 사과를 서둘러 발표했다. 그것도 나홀로 녹화방송으로. 그러나 대통령의 사과는 국가의 중요 문서가 최순실이라는 사인에 의해 멋대로 수정되어 왔다는 사실을 인정한 것이었으며 최순실의 국정농단이 더 이상 '의혹의 영역'이 아니라 '명백한 사실'로서 인정되었다. 그리고 '보좌체계가 완비(2014년)된 이후 그만뒀다'는 변명은 그날 저녁 JTBC가 최순실 태블릿의 추가 파일을 공개하면서 새빨간 거짓말이라는 게 밝혀졌다. 최순실이 문체부 인사, 재단 설립, 국정 자료 열람뿐만 아니라 대통령 의상에 이르기까지 최근까지 시시콜콜 국정에 개입한 사실이 드러난 것이다. 하루도 못 갈 거짓말을 대통령이 '사과'랍시고 해댄 것에 대해 "왜 부끄러움은 국민의 몫인가?"라며 콘크리트 지지층조차 무너지기 시작했다.

분노한 국민들은 최순실 꼭두각시에 불과한 대통령 퇴진을 외치기 시작했다. 2016년 11월 4일 발표된 여론조사에서 박근혜 대통령 지지율은 4%대로 추락했다. 콘크리트가 콩가루가 되어버린 것이다. 이날 대통령은 2차 사과 담화문을 읽어 내

주문 : 박근혜를 파면한다…
박근혜탄핵
촛불승리
탄핵

렸다. 중간중간 울먹하며 "내가 이러려고 대통령을 했나 자괴감마저 든다"는 식으로 감성에 호소하려 했다. 국민들은 박근혜 대통령 즉각 퇴진을 요구했으나 '안보위기'를 들먹이며 '국정혼란과 공백을 막기 위해' '정부 본연의 기능을 하루 속히 회복'해야 한다는 돌파 의지만을 과시했다.

이튿날 11월 5일 광화문광장에서 열린 촛불집회에는 30만이 참가했다. 그다음 주에는 광화문 광장에 100만이 모였다. 박근혜 대통령은 '임기 단축' 등의 꼼수를 쓰며 야권 분열을 노리고 스스로 물러날 뜻이 없음을 밝히자 '하야' 구호는 '탄핵'으로 바뀌었다.

민주당은 거국내각 등 민심과는 다소 동떨어진 타협책을 만지작거리고 있었으나 가장 먼저 '대통령 하야'를 주장하며 촛불 광장으로 달려갔던 정의당은 단호히 탄핵 공조를 이끌어갔다. 광장의 촛불은 엄동설한에도 흔들림이 없었고 청와대 턱밑까지 평화롭게 행진했다. 연인원 1천7백만이 참여했다. 세계가 자신을 태워 주위를 밝히는 평화의 연대, 대한민국의 촛불민주주의를 주목했다. 대통령을 탄핵해야 한다는 여론은 78%의 지지를 얻고 있었다.

2016년 12월 3일 오후 4시 10분, 더불어민주당, 국민의당, 정의당과 무소속 의원 171명이 헌법과 법률 위반을 이유로 '대통령(박근혜) 탄핵소추안'을 국회에서 발의했다. 탄핵안은 "최순실을 비롯한 측근들이 정책에 개입하고 국무회의에 영향력을 행사토록 했다는 점에서 대의민주주의 의무를 위배"했으며, "이들이 인사에 개입하여 직업공무원제 위반, 사기업에 금품 출연을 강요하고 뇌물을 수수했다는 점에서 국민 재산권 보장 · 시장경제질서 및 헌법수호 의무를 위반했다"고 지적했다. 또한 "2014년 4월 16일에 발생한 세월호 침몰 사고에 대한 대응 실패로 헌법 제10조인 '생명권 보장'을 위반했으며, 국민의 생명과 안전을 보호하기 위한 적극적 조치를 취하지 않아 직무 유기에 가깝다"고 적시했다. 법률 위반 행위로는 "재단법인 미르와 재단법인 케이스포츠에 삼성과 SK, 롯데 등의 기업이 출연한 360억 원을 뇌물로 판단"했고, "롯데가 70억 원을 추가 출연한 것 등에 대해 뇌물죄와 직권남용, 강요죄"를 적용했다.

2016년 12월 9일 탄핵안이 표결에 들어갔다. 투표자 299명 중 찬성 234명, 반대 56명, 기권 2명, 무효 7명으로 탄핵 민심 78%만큼 국회의원 78%가 탄핵안을 가결시켰다. 표결을 참관한 세월호 유가족들은 탄핵소추가 가결되자 눈물을 흘렸다.

박근혜 대통령은 즉시 직무가 정지되었고 청와대 관저를 비우고 삼청동 자택으로 향했다.

"주문, 피청구인 대통령 박근혜를 파면한다."

까페에서 스마트폰으로 조마조마 판결을 지켜보던 시민들이 일제히 환호성을 질렀다.

헌법재판소는 2017년 3월 10일 대심판정에서 피청구인 박근혜 대통령을 대통령직에서 파면하기로 재판관 8명 전원일치로 결정했다.

13일 후인 3월 21일 세월호의 선체가 1073일 만에 인양되었고 박근혜는 3월 31일 구속 수감되었다.

촛불 대선

-심상정에게는 1분 찬스

2017년 2월 28일 JTBC 뉴스룸에서 손석희 앵커는 심상정 정의당대표에게 "대선주자 후보로서 질문 하나 드리겠다. 끝까지 가실 것인가"를 물었다. 심 대표는 "끝까지 완주해야 대통령이 되는 것 아니냐"고 답했다. 이어 손 앵커가 "당선 가능성과는 현실적으로 거리가 있어 보인다"고 솔직한 질문을 던졌고 심 대표는 "왜 그렇게 생각하십니까?"라고 되물었다. 손 앵커가 바로 "죄송합니다", "질문을 취소하겠습니다"며 사과했다.

심상정 대표는 "6석의 작은 정당으로 단독집권은 쉽지 않다고 생각한다. 그러나 민주사회 선거는 당선자 확정 이상의 의미가 있다. 선거 과정에서 유권자들의 이해가 뒤섞이고 큰 방향이 결정된다. 당선자는 결국 그 선거 과정에서 제시된 여러 요구와 이해관계의 합성물이다. 저는 헌정사상 최초로 친노동개혁정부를 위해 출마했고, 꼭 관철시키겠다"고 강조했다.

손석희 앵커 질문은 많은 사람들이 품고 있는 의문이었다. 심상정 대표 답변은 소수파라 하더라도 민주정치에서 선거에 참여하는 의미를 명확하게 설명했다. 낮은 지지율 때문에 방송사 자체 편성 토론에도 배제되던 때 이 한마디가 사람 마음을 움직였고 심상정은 이후 3월 9일 JTBC의 '썰전'에도 초대받아 '문재인 편' 다음으로 높은 7.447%(전국, 유료방송가구 기준) 시청률을 기록했다. 이날 방송에서도 완주할 거냐는 질문에 "신호등이 없을 때는 양보할 필요가 있다. 하지만 이번에는 촛불시민들이 달리라고 주문하고 있다. 절대 사퇴란 없다"고 못 박았다. 2%로 바닥에 눌어붙어 있던 지지율도 서서히 움직이기 시작했다. '썰전' 단 한차례 방송 출연만으로도 심상정은 자기 매력을 충분히 드러냈다.

4월 25일 JTBC · 중앙일보 주관 4차 방송토론회에서 홍준표 후보는 문재인 후보에게 "동성애 찬성하십니까?", "차별금지법은 동성애 합법화"라고 추궁했다. 문재인 후보는 "동성애 좋아하지 않는다", "합법화 반대한다"고 선을 그었다. 이 토론을 지켜보던 심상정은 토론을 통틀어 유일한 1분 찬스를 쓰며 "동성애는 찬성이나 반대할 수 있는 얘기가 아니라고 봅니다. 성정체성은 말 그대로 정체성입니다. 저는 이성애자지만 성소수자의 인권과 자유가 존중되어야 한다고 봅니다. 그것이 민주주의 국가입니다"라고 홍준표 후보의 동성애 찬반 프레임 자체가 잘못되었다는 점을 날카롭게 비판했다. 이어 문재인 후보에게 "노무현정부 때부터 차별금지법을 추진해왔고, 계속 차별금지법을 공약으로 냈는데 그것으로부터 후퇴한 문재인 후보께 매우 유감스럽다는 말씀을 드린다"라고 비판했다. 토론회가 끝난 후 기자들이 "1분 발언권 찬스를 문 후보의 동성애 발언 직후 즉흥적으로 사용한 것이냐"는 질문에 "동성애에 반대한다는 말에 순간 충격을 받았다"며 "TV를 보고 계신 수많은 성소수자들께서 너무 슬퍼할까 봐 1분 발언권 찬스를 썼다"고 답했다. 심 후보의 뛰어난 공감능력은 기적을 불러왔다. 그 토론 이후 사흘 만에 심 후보 후원계좌에 3억 1천만 원의 후원금이 몰려들었다. 자신을 성소수자라고 밝힌 한 누리꾼은 "문 후보의 발언을 듣고 울고 있었는데, 심 후보 덕분에 안도했고 기뻤다"며 "어젯밤 저를 포함해 다른 수많은 친구가 바로 심 후보의 계좌에 후원금을 입금했다", "심상정은 자기 표를 모으는데 효과적으로 쓸 수도 있는 1분을 사회 정의를 위해 썼다. 이런 게 진보의 품위" 등 댓글 응원이 이어졌다. 심상정 후보는 지금까지 투표에 관심을 보이지 않았던 젊은 유권자들을 새롭게 발굴했다. 심 후보의 유세장에는 젊은 여성들이 몰려들었다. 그들은 심상정이 말하는 성소수자의 인권과 청년 빈곤, 슈퍼우먼을 강요받는 여성들의 고통, 민주주의 바깥에 방치된 투명인간들의 처지에 뜨겁게 공감하고 심상정으로부터 위로받고 심상정을 껴안고 함께 눈물 흘렸다. 19대 대선에서 19세와 20

대의 투표율은 76.2%로 18대 대선(69%)보다 무려 7.2%나 높았다. 촛불광장에서 세례를 받은 새로운 유권자들이었다. 지난 18대 대선에서 박근혜를 지지했던 50대 유권자들의 투표율은 82%에서 78.6%로 상대적으로 떨어졌다.

선거여론조사에서 문재인 후보만 제외하면 모든 후보 지지율이 극적인 변화를 보였다. 문재인 후보는 '어대문(어차피 대통령은 문재인)'이라는 소리를 들으며 40%대 초반 지지율을 끝까지 유지했다. 새누리당에서 자유한국당으로 당명을 바꾸고 나온 홍준표 후보는 4월 10일 8.4%에서 4월 30일 16.7%로 두 배 올랐다. 홍준표 후보는 "설거지는 하늘이 정해준 여성의 일" 따위 보수적인 마초 발언도 서슴지 않았는데 확실한 보수표를 결집하겠다는 의지를 뚜렷이 보여주었다. 이에 비해 37.2%로 문재인 후보를 바짝 뒤쫓던 안철수 후보는 사드 배치 반대에서 찬성으로 입장을 바꾸는 등 오락가락 행보를 보여주며 20.9%로 주저앉았다. 3.3%에서 시작한 심상정 후보는 7.6%로 치솟았다. 심상정 후보는 방송토론을 할수록 지지율이 치솟았다. 그러나 방송토론이 모두 끝나고 여론조사 공표도 금지된 이후 암흑 속에서 유권자들은 다시 흔들렸다. 홍준표 후보 측이 자신들이 문재인후보 지지율을 앞서는 '골든 크로스'를 이루었다며 대대적으로 선전했고, 문재인 후보 측은 또다시 '심상정 사표론'을 노골적으로 유포하며 '압도적 지지'를 보내줄 것을 대대적으로 호소했다. 겁에 질린 심상정 지지표는 암흑의

터널을 지나며 눈물을 머금고 돌아섰다. 심 후보가 최종적으로 받아든 표는 201만 7천458표(6.17%)였다. 두 자리 수 지지율까지 치솟았던 것에 비해 크나큰 아쉬움을 남겼으나 1997년 이후 진보정당 대선 후보가 얻은 표 중 최대치였다.

'1분의 찬스'만으로도 상황을 역전시킬 수 있는 심상정에게 선거운동기간이 너무 짧았다.

정의당-민주평화당 공동교섭단체 구성

-국회 특활비 폐지를 이끌어낸 노회찬

촛불대선이 끝난 이후 정의당의 존재감은 또다시 시나브로 옅어졌다. 국회가 원내교섭단체로 돌아가기 때문이다. 정의당은 2016년 20대 총선에서 안철수 '국민의당' 돌풍에 원내 4당으로 밀려나 있었다. 이후 새누리당 분당 이후 만들어진 바른정당 때문에 대선에서는 기호 5번을 달고 싸워야 했다. 이렇듯 정의당은 6석의 의석을 지닌 '군소정당'으로 원내의 '스피커 파워'가 약했다. 노회찬과 심상정이라는 걸출한 장수가 있지만 본진이 취약했다. 노회찬 원내대표는 이런 정의당의 원내 구성을 '노심초사'라고 불렀다. 노회찬-심상정-그리고 4인의 초선의원들과 함께 "국민 여러분의 행복과

편안한 생활을 위해 노심초사하는 당이 되고, 대한민국의 장래를 노심초사하는 당이 되겠다"고 약속했다. 그러나 정의당은 동료 시민들로부터 "뜻은 좋고 정책은 좋은데 힘이 없지 않느냐?"는 지적에 노심초사할 수밖에 없었다.

2018년 3월 5일 민주평화당 장병완 원내대표가 정의당에 '공동교섭단체' 구성을 공식 제의했다. 정의당 내에서는 원내 대응 전술로 충분히 활용할만하다고 판단하는 여론이 우세했다. 물론 정의당과 정체성이 다른 정당과의 연대를 꺼리는 입장도 없지는 않았다. 노회찬 원내대표는 "정체성이 다르지 않다면 합당을 하지 연대할 이유가 없지 않느냐"며 공동교섭단체 구성은 일종의 연대 전술이라는 점을 분명히 했다. 연대는 정체성이 같지 않더라도 사안에 따라 공동 목표를 실현하기 위해 함께하는 것이다.

대한민국 국회는 철저히 원내교섭단체를 중심으로 운영된다. 말로는 국회의원 하나하나가 헌법기관이라고 하지만 원내교섭단체를 구성하지 못하는 정당은 의사일정 조정에 참여할 수도 없고 주요 쟁점법안 논의 과정에서도 배제된다. 원내교섭단체가 되면 국무위원 출석 요구, 긴급현안질문, 의원 징계, 본회의나 위원회에서 발언시간과 발언자 수 조정, 상임위원회나 특별위원회 위원장과 위원 선임 등을 협의할 수 있으며 모든 상임위에 부위원장급 간사 1인씩 파견이 가능하다. 간사는 국회 정보위원회에서 국정원 대북정보와 외국정보를 보고받을 수 있다. 또 상임위와 법사위를 통과한 법안을 국회 본회의에 상정할 날짜를 정할 권한을 갖고 있다. 패스트트랙에 오른 법안을 제외하면 말이다. 심지어 교섭단체가 되면 정당 국고보조금을 우선 지급받고 정책연구위원과 입법지원비를 지원받는다. 이러니 대한민국 국회 교섭단체 제도는 민주노동당 시절부터 특권 내려놓기 일차 표적이었다.

정의당은 민주평화당 제안을 받아들여 2018년 3월 9일 공동교섭단체 구성에 합의했다. 명칭은 '평화와 정의의 의원 모임'으로 하고 원내 대표는 돌아가며 맡기로 했고 첫 원내대표는 정의당 노회찬 원내대표가 맡았다. 두 당은 한반도 평화 실현, 개헌과 선거제도 개혁, 특권 없는 국회와 합의 민주주의 실현, 노동존중 사회와 좋은 일자리 만들기, 식량주권 실현 및 농축수산업을 미래 생명 환경 산업으로 육성, 골목상권과 중소상공인 보호·육성, 검찰과 국정원 등 권력기관 개혁, 미투(me too) 법안 선도적 추진 등 '8대 정책공조 과제'의 실현을 위해 노력하기로 합의했다.

교섭단체 위주로 과도한 특권을 부여한 국회법 자체를 고쳐야 마땅하지만 기득권 카르텔을 지키고 있는 거대 정당들은 전혀 그럴 뜻이 없었다. 정의당은 기성 제도 안에서 목소리를 내야 했다. 정의당은 공동교섭단체를 충분히 활용해 국회의원 특활비 폐지를 내걸었다. 안기부 특별활동비가 박근혜 대통령의 쌈짓돈처럼 쓰인 것을 비판하던 국회의원 자신은 특활비라는 명목의 국민 혈세를 영수증도 없이 쓰고 있었던 것이다. 자유한국당 홍준표 대표는 특활비를 받아 쓰고 남은 돈을 살림에 보태 쓰라고 집에 갖다 줬다고 발언해 물의를 빚은 바 있다. 이에 대법원은 특활비 사용내역을 투명하게 밝히라고 판결했고, 국회의원들이 묵묵부답으로 뭉개고 있는 가운데 노회찬 원내대표는 3개월치 특활비를 모두 반납하면서 이 문제를 공론화했다. 노 원내대표는 "특수활동비를 누구처럼 생활비나 다른 개인적인 용도로 쓰는 게 아니라면 공개하지 못할 이유가 어디 있는가" "대법원이 국회 특수활동비 정보를 공개하라고 한 것은 단순히 비공개를 공개로 하라고 한 것이 아니라 그 비용의 존재 근거가 없다고 판단한 것"이라며 "국민 혈세로 이뤄진 특수활동비가 어떻게 사용됐는지 모르면 착복을 했든 횡령을 했든 묻고 따질 수가 없다"고 특활비 폐지법 발의를 추진했다. 이에 반해 민주당 홍영표 원내대표는 폐지 대신 보완해서 유지해야 한다는 입장이었다. 민주당 당론 때문인지 특활비 폐지 요구에는 정의당 의원 6명 외 바른미래당 채이배 의원만 발의자로 참가해 발의요건조차 갖추기 어려웠다. 이 법안은 이후 민주당 표창원, 박주민 등이 참여하면서 12명으로 최소한의 발의자 요건을 갖춰 발의되긴 했지만 민주당과 자유한국당이라는 두 거대정당이 폐지에 동의하지 않고 있어 폐기될 운명처럼 보였다. 이 법안이 발의된 지 두 주 후 노회찬 의원의 안타까운 죽음이 있었고, 국회특권 폐지가 노회찬의 마지막 유언이 되었다. 정의당은 눈물 속에서 노회찬 의원의 유지를 들고 나아갔다. 국민적 압력이 높아지면서 결국 두 거대정당도 더 이상 이를 외면할 수 없게 되자 8월 13일 서둘러 특활비 폐지에 합의했다. 노회찬 의원의 부재로 공동교섭단체도 자동 해체될 수밖에 없었다. 민중당의 김종훈 의원이나 무소속 손금주 의원 등을 참여시켜 교섭단체를 유지하는 방안도 검토되긴 했으나 민주평화당 내부에서 '정의당만 부각되고 민평당은 실익이 없었다'는 비판이 일면서 실현되지 못했다.

아, 노회찬

-별이 지다

사단은 '드루킹 특검'의 별건 수사에서 벌어졌다. 자유한국당은 드루킹의 댓글 여론조작 사건을 2012년 대선에서 국정원과 기무사가 저지른 댓글 여론 조작사건과 같은 급의 사건인 양 침소봉대하며 특검을 요구했다. 국회 등원을 거부하며 단식까지 감행하는 자유한국당의 요구가 받아들여져 최익범 특검이 출범하긴 했으나 민주당 핵심부와 연계된 뚜렷한 증거를 확보하지 못하던 특검의 칼이 엉뚱한 곳을 향했다. 그 칼은 드루킹 김동원이 운영하던 경공모(경제공진화 모임) 회원들의 노회찬 후원금을 집요하게 들쑤셨다. 노회찬 의원은 드루킹 특검이 별건 수사로 자신까지 옭아 넣으려고 하자 처음에는 강하게 반발했다. 정치자금을 전달했다는 도 모 변호사 구속영장도 기각되고 있는 상황에서 노회찬 의원은 여느 국회의원들처럼 끝까지 부인할 수도 있었다. 그러나 노회찬은 자기 신념과 다른 행동을 할 수 없었다. 노회찬은 자신을 향한 특검 수사가 자신과 정의당을 도덕적으로 매장하게 되는 상황을 방치할 수 없었다. 미국 방문 일정을 마치고 돌아온 다음 날 그는 아침 일찍 의원 사무실에 들러 유서를 작성했다.

"2016년 3월 두 차례에 걸쳐 경공모로부터 4천만 원을 받았다. 어떤 청탁도 없었고 대가를 약속한 바도 없었다. 다수 회원들의 자발적 모금이었기에 정상적 후원절차를 밟아야 했다. 그러나 그러지 않았다. 누굴 원망하랴. 참으로 어리석은 선택이었으며 부끄러운 판단이었다. 책임을 져야 한다."

2018년 7월 23일, 언제나 우리 곁에서 환하게 웃으며 친구처럼 지켜줄 것만 같았던 노회찬이 이렇게 스스로 목숨을 끊었다. 사람들은 패닉에 빠졌다. 노회찬이 불법 정치자금을 받았다는 사실도 충격이었고, 또 그것 때문에 목숨을 끊었다는 것은 더욱더 큰 충격이었다. 노회찬이 유서에 밝힌 잘못은 경공모 회원들이 '강의료'라고 모아준 후원금을 회원 개개인 명의를 확인해 공식 선거운동 기간 중에만 열리는 후보 후원금 계좌에 입금해야 했는데 그러질 않았다는 것이었다. 정치자금법은 그것을 '불법 정치자금'으로 규정하고 있었다. 2016년 3월은 20대 총선을 앞두고 급하게 지역구를 창원 성산으로 옮겨 출마를 준비하던 때였다. 진보정치 1번지를 탈환해야 한다는 당의 명을 받고 창원으로 부랴부랴 내려간 노회찬은 선거 자금 부족에 시달릴 수밖에 없었다. 민주당 우원식 의원은 이에 대해 "문제가 됐던 돈은 그분이 원외일 때, 자신의 고등학교 친구가 '강의료다' 하면서 건넨 것이다. 노회찬 의원은 그때 다음 선거를 준비하는 사람이었다. 안 받기가 굉장히 어려웠을 거다. 받은 돈을 공식적으로 처리할 방법도 없었다. 후원회가 불법이었기 때문이다. 나중에 그게 '드루킹'이라는 희한한 집단으로부터 나온 돈이었고, 특검 과정에 그런 의혹이 제기됐다. 누구보다 양심적으로 살고자 노력해온 그였다"

사정을 아는 사람들은 "그게 어떻게 죽을 일인가?"하며 안타까워했다. 노회찬의 죽음을 애석해하는 시민들도 "그게 죽을 일이라면 국회의원들 중 살아남을 놈이 과연 몇이나 되겠는가? 수십억을 꿀꺽하고도 털끝하나 다치지 않고 다니는 썩은 정치인들이 득실거리는데 왜 노회찬만 목숨을 끊는단 말인가?"며 억울해했다. 그러나 노회찬은 이미 세상 사람이 아니었다. "항상 곁에 계실 줄 알았어요. 죄송합니다." "감사합니다. 미안합니다. 사랑합니다." 정작 나쁜 놈들은 떵떵거리며 다니는데 가장 양심적인 정치인이 자신의 작은 허물을 부끄러워하며 스스로 목숨을 끊는 걸 지켜본 시민들은 노회찬을 지켜주

촛불 노회찬
새벽에 일어나 6411번 버스를 타고
강남 고층빌딩을 청소하는 이들,
그냥 '아줌마'로 불리는 사람들,
투명인간 취급받는 이 땅의 '을'들
그들 속에서
자신을
촛불처럼
태웠던
사람.

지 못했다는 자책감을 토로했다.

노회찬을 추모하는 글귀가 적힌 노란 포스트잇이 벽면을 가득 메우고 있었다. 노회찬 의원 빈소가 차려진 세브란스병원 영안실에는 기다란 조문 행렬이 이어졌다. 총리도, 여당 대표도, 검찰총장도 국회 청소 노동자도 편의점 알바도 모두 일반 조문객과 다를 바 없이 줄을 서서 조문 순서를 기다렸다. 계급도 차별도 없는 세상을 꿈꾸었던 노회찬의 죽음 앞에서 그 누구도 이 평등한 조문 행렬을 불평하지 않았다. 노회찬과 일면식 없는 시민들이 긴 시간 숙연히 기다려 조문했고 노회찬 없는 세상이 믿기지 않는 거짓말처럼 느껴진다고 흐느끼며 고백했다.

"공수처법 반대한다구요? 모기가 반대한다고 에프킬라 안 삽니까?"

사람들은 이 같은 노회찬의 '말'을 다시 들을 수 없다는 것에서 말할 수 없는 공허감을 토로했다. 허위의 소음공해가 난무하는 정치에서 노회찬의 말은 산소 같은 청량감을 주었다. 복잡해 보이는 문제도 '촌철살인'의 비유로 그 본질을 명확하게 드러냈다. 그러나 노회찬은 그저 말을 잘하는 사람이 아니었다. 그의 말은 그의 삶이자 철학이었다. JTBC 뉴스룸 손석희 앵커는 그의 '뉴스브리핑' 시간에 노회찬을 일러 '앞과 뒤가 같은 사람, 처음과 끝이 같은 사람'이라고 했다. 2019년 4월 창원성산 보궐선거에서 자유한국당 오세훈이 "돈 받고 스스로 목숨을 끊은 분의 정신을 이어받아서야…"라고 모욕한 것을 기억하고 있던 손석희는 "돈 받고 목숨을 끊은 것이 아니라 돈 받은 것이 끝내 부끄러워 목숨마저 버린 사람"이라고 그를 정당하게 평가해줬다.

노회찬 사후 많은 사람들이 노회찬의 '6411번 버스 연설'을 다시 찾아보았다. 이 연설은 노회찬이 정치를 하는 이유였고, 노회찬의 말이 생산되는 근원이었다.

"새벽 3시에 일어나 새벽 5시 반이면 직장인 강남의 빌딩에 출근해야 하는 분들입니다… 아들딸과 같은 수많은 직장인들이 그 빌딩을 드나들지만, 그 빌딩에 새벽 5시 반에 출근하는 아주머니들에 의해서 청소되고 정비되고 있는 줄 의식하는 사람은 없습니다. 이분들은 태어날 때부터 이름이 있었지만, 그 이름으로 불리지 않습니다. 그냥 아주머니입니다. 그냥 청소하는 미화원일 뿐입니다. 한 달에 85만 원 받는 이분들이야말로 투명인간입니다. 존재하되, 그 존재를 우리가 느끼지 못하고 함께 살아가는 분들입니다… 이 분들이 우리 같은 사람을 찾을 때 우리는 어디에 있었습니까? 그들 눈앞에 있었습니까? 그들의 손이 닿는 곳에 있었습니까? 그동안 이런 분들에게 우리는 투명정당이나 다름없었습니다… 이 분들이 냄새 맡을 수 있고, 손에 잡을 수 있는 곳으로, 이 당을 여러분과 함께 가져가고자 합니다."

해마다 3.8 세계여성의 날에 노회찬으로부터 장미꽃을 선물

받았던 '김영숙' 등 국회 환경미화원 노동자들이 투명인간이었던 자신들에게 가장 먼저 손을 내밀었던 노회찬을 울면서 배웅했다.

노회찬은 용접공으로 노동운동을 시작했고 그렇게 평생을 살 각오를 했던 사람이었다. 노회찬은 삼성X파일을 공개하고 의원직을 잃었다. 의원직은 그런 일을 하라고 주어진 자리라는 게 노회찬의 말이었다. 의원직 자체가 아니라 우리 사회의 투명인간 편에서 일하고자 하는 절실함으로 정치라는 소임을 맡은 사람이 노회찬이었다. 노회찬의 삶 그 자체가 "왜 정치를 하는가?"에 대한 가장 적실한 답변이었으며, 그의 죽음이야말로 "어떻게 살 것인가?"에 대한 가장 실천적인 답변이었다. 그렇게 그는 앞과 뒤가 같은 사람이었고, 처음과 끝이 같은 사람이었다.

전태일에서 노회찬까지

청년들에게 들려주는 한국 진보정치사

1판 1쇄 발행 2020년 5월 1일
1판 2쇄 발행 2020년 10월 26일

지은이 이창우
펴낸이 강수걸
편집장 권경옥
편집 박정은 윤은미 강나래 김해림
디자인 권문경 조은비
펴낸곳 산지니
등록 2005년 2월 7일 제333-3370000251002005000001호
주소 부산시 해운대구 수영강변대로 140 BCC 613호
전화 051-504-7070 | 팩스 051-507-7543
홈페이지 www.sanzinibook.com
전자우편 sanzini@sanzinibook.com
블로그 http://sanzinibook.tistory.com

ISBN 978-89-6545-653-7 03340

* 책값은 뒤표지에 있습니다.
* 이 도서의 국립중앙도서관 출판예정도서목록(CIP)은 서지정보유통지원시스템 홈페이지(http://seoji.nl.go.kr)와 국가자료공동목록시스템(http://www.nl.go.kr/kolisnet)에서 이용하실 수 있습니다. (CIP 제어번호: CIP2020013339)
* 이 책은 2020년 아름다운 청년 전태일 50주기를 맞아 기획 · 출간되었으며, 도서 인세 일부를 전태일재단에 기부합니다.

:: 산지니가 펴낸 책 ::

정치 · 사회

김일성과 박정희의 경제전쟁 정광민 지음

빅브라더에 맞서는 중국 여성들 리타 홍 핀처 지음 | 윤승리 옮김

21세기 마르크스 경제학 정성진 지음

정전(正戰)과 내전 오오타케 코지 지음 | 윤인로 옮김

헌법과 정치 카를 슈미트 지음 | 김효전 옮김

내러티브와 장르: 미디어 분석의 핵심 개념들 닉 레이시 지음 | 임영호 옮김

사람 속에 함께 걷다 박영미 지음

나는 개성공단으로 출근합니다 김민주 지음

저는 비정규직 초단시간 근로자입니다 석정연 지음 ***2020 한국출판산업진흥원 책나눔위원회 2월의 추천도서**

싸움의 품격 안건모 지음 ***2019 한국출판문화산업진흥원 출판콘텐츠 창작 지원 선정도서**

다시 시월 1979 10.16부마항쟁연구소 엮음

골목상인 분투기 이정식 지음

한국의 헌법학 연구 김철수 엮음

그림 슬리퍼: 사우스 센트럴의 사라진 여인들 크리스틴 펠리섹 지음 | 이나경 옮김 ***2019년 서울국제도서전 여름 첫 책 선정도서**

대학과 청년 류장수 지음

CEO사회 피터 블룸·칼 로즈 지음 | 장진영 옮김

도시는 정치다 윤일성 지음

국가폭력과 유해발굴의 사회문화사 노용석 지음 ***2019 세종도서 우수학술도서**

중국 경제법의 이해 김종우 지음

세상에 나를 추천하라 정광위 지음 | 곽규환·한철민 옮김

독일 헌법학의 원천 카를 슈미트 외 지음 | 김효전 옮김 ***2018 세종도서 우수학술도서**

폴리아모리: 새로운 사랑의 가능성 후카미 기쿠에 지음 | 곽규환·진효아 옮김

선택: 진보로 부산을 새롭게 디자인하자 현정길 지음

사람 속에서 길을 찾다 박영미 지음 ***2018 세종도서 우수교양도서**

당당한 안녕: 죽음을 배우다 이기숙 지음

거리 민주주의: 시위와 조롱의 힘 스티브 크로셔 지음 | 문혜림 옮김

라틴아메리카 흑인 만들기 차경미 지음

영화로 만나는 동아시아: 패권주의와 다문화 백태현 지음 ***2017 세종도서 우수교양도서**

전쟁범죄란 무엇인가 후지타 히사카즈 지음 | 박배근 옮김 ***한국출판문화산업진흥원 우수콘텐츠 선정도서**

계급 이해하기 에릭 올린 라이트 지음 | 문혜림·곽태진 옮김

중국 민족주의와 홍콩 본토주의 류영하 지음 ***2016 홍콩 판권 수출**

베트남 전쟁의 유령들 권헌익 지음 | 박충환·이창호·홍석준 옮김 ***제12회 경암학술상 인문사회 부문 수상**

지역사회와 민주주의를 말하다 부길만 지음

라틴아메리카의 과거청산과 민주주의 노용석 지음

동중국해 문화권의 민가 윤일이 지음

바이마르 헌법과 정치사상 헤르만 헬러 지음 | 김효전 옮김 ***2017 대한민국학술원 우수도서**

아메리칸 히로시마 데이비드 J. 디오니시 지음 | 정성훈 옮김

들어라 미국이여 피델 카스트로 지음 | 강문구 옮김

이데올로기와 미국 외교 마이클 H. 헌트 지음 | 권용립·이현휘 옮김 ***2010 시사인 올해의 책**

추락하는 제국 워런 코헨 지음 | 김기근 옮김

하이재킹 아메리카 수전 조지 지음 | 김용규·이효석 옮김

수전 조지의 Another world 수전 조지 지음 | 정성훈 옮김

팔루자 리포트 빙 웨스트 지음 | 이종삼 옮김

만들어진 점령서사 조정민 지음

르포, 절망의 일본열도 가마타 사토시 지음 | 김승일 옮김

폭력 우에노 나리토시 지음 | 정기문 옮김

우리 옆의 약자 이수현 지음

나는 시의회로 출근한다 김영희 지음

진보와 대화하기 김석준·김외숙·송성준 지음 | 이광수 엮음 ***2006 문화관광부**

우수학술도서

만화로 보는 노무현 시대 이창우 글·그림

범죄의 재구성 곽명달 지음

절망사회에서 길 찾기 현장 편집부 엮음

차이나 인사이트 김동하 외 지음

글로벌 차이나 이종민 지음

21세기 중국! 소통과 뉴트렌드 공봉진 외 지음

변방이 중심이 되는 동북아 신 네트워크 이창주 지음

여성학 이메일 수업 김선경 지음

이주민과 함께 살아가기 이주노동자와 연대하는 전일본 네트워크 지음 | 이혜진·이한숙 옮김 ***2007 한국간행물윤리위원회 청소년도서**

미국 대학의 힘 목학수 지음 ***2014 한국출판문화산업진흥원 청소년도서 *2014 한국연구재단 우수저서**

공학자의 눈으로 본 독일 대학과 문화 목학수 지음

문제는 교육이야 김석준 지음

부산언론사 연구 채백 지음 ***2013 대한민국학술원 우수도서 *2013 한국언론학회 학술상**

부산화교의 역사 조세현 지음

부산의 오늘을 묻고 내일을 긷다 장지태 지음

부울경은 하나다 강병중 지음

반송사람들 고창권 지음

대천마을, 사진을 꺼내 들다 맨발동무도서관 엮음

우리가 만드는 문화도시 문화도시네트워크 지음

귀농, 참 좋다 장병윤 지음

폐교, 문화로 열리다 백현충 지음

수다, 꽃이 되다 임숙자 엮음 | 백복주 사진

SNS시대 지역신문기자로 살아남기 김주완 지음

현미경으로 들여다본 한국사회 정영인 지음

촌기자의 곧은 소리 장동범 지음 | 안기태 그림

사람이 희망이다 : 파워인터뷰 42 손정호 지음

환경

해오리 바다의 비밀 조미형 지음 | 박경효 그림 *2019 한국문화예술위원회 문학나눔 선정도서

습지 그림일기 박은경 글 · 그림 *2018 대한출판문화협회 청소년교양도서 *2020년 우수환경도서

지리산 아! 사람아 윤주옥 지음

촌놈 되기: 신진 시인의 30년 귀촌 생활 비록 신진 산문집

보약과 상약 김소희 지음

2℃: 기후변화 시대의 새로운 이정표 김옥현 지음

해운대 바다상점 화덕헌 지음 *2018 환경부 우수환경도서

기후변화와 신사회계약 김옥현 지음 *2015 학교도서관저널 추천도서

시내버스 타고 길과 사람 100배 즐기기 김훤주 지음 *2014 환경부 우수환경도서 * 2012 문화관광부 우수교양도서

황금빛 물고기 김규정 글·그림 * 2013 학교도서관저널 추천도서 * 2013 문화관광부 우수교양도서

아파트키드 득구 이일균 지음 *2012 환경부 우수환경도서

강수돌 교수의 나부터 마을혁명 강수돌 지음 *2010 환경부 우수환경도서

습지와 인간 김훤주 지음 *2008 환경부 우수환경도서

한반도 환경대재앙 샨샤댐 진재운 지음 *2008 환경부 우수환경도서

백두산에 묻힌 발해를 찾아서 진재운 지음

도시, 변혁을 꿈꾸다 정달식 지음 *지역신문발전위원회 지원도서